뉴스 먹는 초등 문해력왕

1판 1쇄 인쇄 2024년 1월 4일
1판 1쇄 발행 2024년 1월 11일

지은이 이승희
펴낸이 이기준
펴낸곳 리더북스
출판등록 2004년 10월 15일(제2004-000132호)
주소 경기도 고양시 덕양구 무원로 6번길 12(행신동, 대흥프라자빌딩) 815호
전화 031)971-2691
팩스 031)971-2692
이메일 leaderbooks@hanmail.net

ⓒ이승희, 2024(저작권자와 맺은 특약에 따라 검인을 생략합니다)
ISBN 979-11-93555-01-9 73710

이 책은 저작권법에 따라 보호받는 저작물이므로 무단전재와 무단복제를 금지하며,
이 책 내용의 전부 또는 일부를 이용하려면 반드시 저작권자와 리더북스의 서면동의를 받아야 합니다.

• 파본은 구입하신 서점에서 교환해드립니다.
• 책값은 뒤표지에 있습니다.

> 리더북스는 독자 여러분의 책에 관한 아이디어와 원고 투고를 설레는 마음으로 기다리고 있습니다.
> 책으로 엮기를 원하는 아이디어가 있으신 분은 이메일 leaderbooks@hanmail.net로 간단한 개요와 취지, 연락처 등을 보내주세요.

이승희 지음

독해력, 어휘력, 쓰기능력 100일 완성!

뉴스 먹는 초등 문해력왕

최신 뉴스 문제 풀고
어서 문해력왕 되세요~

리더북스

머리말

저는 매일 아침 눈을 뜨면 자연스럽게 뉴스를 봅니다. 뉴스는 세상을 바라보는 창구이자 힘차게 아침을 시작하게 해주는 소중한 친구입니다. 뉴스를 통해 밤새 무슨 일이 일어났는지, 요즘 세상은 어떻게 돌아가고 있는지 살펴보며 하루를 시작하면 기분이 상쾌하고 시간을 허투루 쓰지 않고 알차게 보내야겠다는 다짐이 생깁니다.

어느 날 아침이었습니다. 여느 때처럼 출근 준비를 하며 뉴스를 보던 중, 문득 이런 생각이 들었습니다.

'아이들도 매일 뉴스를 보면 참 좋겠다.'

아이들은 세상에 대한 호기심이 가득합니다. 궁금한 것도, 알고 싶은 것도 많은 아이들이 최근 뉴스를 본다면 세상을 바라보는 시야가 더 넓어지지 않을까요. 뉴스를 보면서 문해력이 향상되고 자신의 가능성을 찾아낼 수 있다면 참 가치 있는 일이 되겠지요.

그렇게 물꼬를 튼 생각이 실행으로 옮겨져서 이 책 《뉴스 먹는 초등 문해력왕》이 탄생했습니다. 아이들에게 도움이 될 만한 유익한 기사를 찾고, 쉬우면서도 간단한 문제로 풀어내기 위해 밤낮으로 고심하고 또 고심했습니다.

문해력은 글을 제대로 소화할 때까지 차근차근 음미할 때 향상됩니다.

아이들이 기사 한 편 한 편을 제대로 소화할 수 있도록 본문에 설명문과 함께 낱말 풀이, 배운 어휘로 문장 쓰기, 재미있는 퀴즈들을 실었습니다. 핵심 주제와 낱말에 대한 이해도를 높이면서 문해력이 저절로 향상되리라 기대합니다.
그리고 '토의하기'를 통해 아이들이 확산적 사고를 할 수 있도록 생각의 길을 열어두었습니다.

이 책을 읽은 아이들이 세상을 보는 눈이 활짝 트이고 문해력이 쑥쑥 향상되기를 소망합니다. 100개의 뉴스를 아이들의 눈높이에 맞게 가공한 설명문을 읽고 문제를 풀다 보면 어느새 문해력이 놀랍도록 향상된 것을 체감할 수 있으리라 확신합니다.

좋은 책을 쓰기 위해 밤늦도록 머리 싸매고 컴퓨터 앞에 앉아 있을 때 옆에서 응원해 준 가족과 평생 반려자 최윤호에게 고맙다는 말을 전합니다.
아울러 이렇게 멋진 책을 쓸 기회를 주신 리더북스 대표님께도 진심으로 감사드립니다.

라희쌤
이승희

차례

1장 사회 뉴스 문해력왕

01 학교 폭력 처벌이 강화된대요 … 12
02 공부 잘되는 약이라고 속여서 마약을 먹게 하다니 … 14
03 반려동물 병원비가 저렴해진대요 … 16
04 AI 시대가 오면 인기 직업도 바뀔까요? … 18
05 비싸도 영어 유치원으로! … 20
06 의사와 간호사의 불꽃 튀는 영역 다툼 … 22
07 편의점 도시락은 엄마, 아빠의 것 … 24
08 장애인도 일하고 싶어요 … 26
09 4세대 걸그룹은 사랑을 찾지 않아요 … 28
10 저는 할아버지 아르바이트생입니다 … 30
11 CCTV로 학교 구석구석을 살펴보는 것은 어때요? … 32
12 코로나가 드디어 끝났어요 … 34
13 빈대가 너무 무서워요 … 36
14 저 조용히 나갈게요 … 38
15 앞으로 의대생을 많이 뽑는대요 … 40
16 늘봄학교가 뭐예요? … 42
17 강아지랑 같이 대피해도 돼요? … 44
18 저는 8살인가요, 9살인가요? … 46
19 온통 매운맛이 유행이에요 … 48
20 저는 에리얼, 흑인 인어공주랍니다 … 50

2장 과학 뉴스 문해력왕

21	남극의 초거대 빙산이 30년 만에 움직였대요	… 54
22	탕후루 인기의 과학적인 비밀	… 56
23	미세먼지가 공룡을 멸종시켰다고요?	… 58
24	진짜 다이아몬드랑 똑같네~! 랩그로운 다이아몬드의 등장!	… 60
25	요거트로 입 안의 마늘 냄새를 없앨 수 있대요	… 62
26	우주선 '스타십' 비행 실패	… 64
27	침팬지도 나이 들면 월경을 안 한대요	… 66
28	사람의 팔과 다리도 재생할 수 있을까요?	… 68
29	운동 후엔 이온음료? 탄산음료?	… 70
30	태양계와 비슷한 고리가 있는 별, '포말하우트'	… 72
31	세상에서 제일 높은 곳에 사는 포유류는 무엇일까요?	… 74
32	만리장성이 2000년을 버틸 수 있었던 비결	… 76
33	달의 나이는 몇 살일까요?	… 78
34	연가시는 어떻게 사마귀를 조종할까요?	… 80
35	누리호 발사 성공! 우주에 도착했어요	… 82
36	로봇 슈트를 입으면 달리기 1등을 할 수 있어요	… 84
37	생쥐의 상상력은 어느 정도일까요?	… 86
38	화성의 내부는 액체일까요, 고체일까요?	… 88
39	딱딱했다가 부드러워지는 주사기가 발명됐어요	… 90
40	감기 걸렸을 때 항생제를 맞으면 금방 나을까요?	… 92

3장 경제 뉴스 문해력왕

41	챗GPT에 비밀을 말하지 마세요	… 96
42	서울시 김포구? 김포가 서울이 될 수도 있대요	… 98
43	골프 옷 매출이 줄었어요	… 100
44	K팝? 요즘엔 K푸드가 대세예요	… 102
45	우리 유튜브에 나오려면 돈을 내세요!	… 104
46	우리나라가 빚쟁이래요	… 106
47	챗GPT로 요리해요	… 108
48	집을 지을 시멘트가 부족해요	… 110
49	1,000원짜리 대학교 학식? 힘들어요	… 112
50	횡재했으니 세금 내세요!	… 114
51	레고랜드에 많이 놀러와 주세요	… 116
52	AI가 뉴진스 노래를 부르면 저작권료는 누가 받을까요?	… 118
53	캐릭터가 돈이 되는 세상	… 120
54	K-POP 음반이 1억 장이나 팔린다고요?	… 122
55	자산 68억을 소유하면 서울 부자	… 124
56	편의점은 앞으로도 친환경 모드!	… 126
57	가격은 똑같은데 왜 양은 줄어든 것 같지?	… 128
58	너도나도 의사의 꿈	… 130
59	식을 줄 모르는 K라면의 인기	… 132
60	자, 다들 AI 교과서 펴세요	… 134

4장 세계 뉴스 문해력왕

- 61 부글부글 언제 분화할지 모르는 일본 후지산 … 138
- 62 사우디에서 첫 여성 우주인이 탄생했어요 … 140
- 63 미국 추수감사절에 먹는 칠면조를 거부하는 사람들 … 142
- 64 인도에서 인공 비를 내리려고 한대요 … 144
- 65 무시무시한 AI 무기 … 146
- 66 점점 더 커지는 땅이 있어요 … 148
- 67 외국 사람들이 식비를 아끼려고 라면을 먹고 있대요 … 150
- 68 동전 앞면이 나오면 당신이 시장이에요 … 152
- 69 사우디아라비아가 스포츠계에서도 부자가 됐어요 … 154
- 70 김밥이 세계적인 인기를 끌고 있어요 … 156
- 71 앞으로 베네치아에 놀러 오려면 7,000원 내세요 … 158
- 72 일본에서 남자만 타는 열차가 운행된 이유 … 160
- 73 영국에서 AI 공무원을 만든대요 … 162
- 74 유럽에서 설탕 구하기가 어려워졌대요 … 164
- 75 학원 없는 세상! 중국에선 학원에 못 가요 … 166
- 76 소아과에 가려면 새벽 3시 반부터 줄을 서야 한다고요? … 168
- 77 일본 교토에서 최연소 여성 시장이 탄생했어요 … 170
- 78 쓰레기 줍는 월드컵이 있어요 … 172
- 79 '우정의 상징' 귀여운 판다로 미국과 중국의 갈등도 녹여요 … 174
- 80 일본에서 우리나라의 10원빵 같은 '10엔빵'이 유행이래요 … 176

5장 환경 뉴스 문해력왕

81	우리나라에서 망고와 바나나를 재배할 수 있대요	… 180
82	전 세계 1% '슈퍼리치'는 환경을 오염시키는 것도 1등?	… 182
83	울릉도 바다가 변하고 있어요	… 184
84	세계 최대 습지에 불이 났어요!	… 186
85	댐을 만드는 건축가 비버	… 188
86	베니스가 기후 변화로 신음하고 있어요	… 190
87	온난화로 남극 아델리 펭귄이 털갈이를 못 한대요	… 192
88	친환경적으로 집을 짓기 위해 AI를 이용한다고요?	… 194
89	기온이 올라가면 산불도 자주 나요	… 196
90	곤충이 사라지면 초콜릿을 못 먹게 될지도 몰라요	… 198
91	포켓몬스터에도 나왔던 '라플레시아'가 멸종 위기래요	… 200
92	칠레에는 지구상에서 가장 오래된 나무가 있어요	… 202
93	지구를 지키는 판다와 순록	… 204
94	쓰레기에서 메탄가스가 나와요	… 206
95	물고기가 작아지고 있어요	… 208
96	지구 온도가 1도만 더 올라가도 견디기 힘든 더위가 찾아와요	… 210
97	지구에서 점점 짠맛이 나요	… 212
98	밤에는 불을 꺼주세요	… 214
99	이러다 현수막에 깔리겠어요	… 216
100	오존 구멍이 점점 커지고 있어요	… 218

1장

사회 뉴스 문해력왕

01

학교 폭력 처벌이 강화된대요

잦다
여러 차례로 거듭되는 간격이 매우 짧다

 **빈번하다**
번거로울 정도로 빈도수가 잦다

 드물다
일어나는 일이 잦지 않다

 정부와 여당이 앞으로 학교 폭력 처벌을 강화하려고 한대요. 학교 폭력 기록을 대학교 입학할 때 반영하고, 학폭 가해 학생의 생활기록부에 관련 내용을 오랫동안 남겨서 나중에 취업할 때도 불이익을 주는 방안을 검토 중이라고 해요.

이에 대해 학교 폭력 예방에 도움이 될 거라는 의견과 가해 학생에게 지나친 처사라는 의견이 팽팽하게 맞서고 있어요. 학교 폭력 처벌이 강화되면 이것이 학교 폭력인지 아닌지 판단하기 위한 법적 분쟁이 늘어날 우려도 있어요. 법적 분쟁이 잦아지면 결국 피해자의 고통만 더욱 커질 수 있기에 신중해야 한다는 의견도 있어요.

여당 정책위 의장은 정부에 '학교 폭력에는 반드시 불이익이 따른다는 경각심을 잊지 않게 해달라'라고 요청했어요. 정부는 이러한 의견들을 받아들여 최종적으로 학교 폭력 처벌을 어떻게 강화할지 고민 중이래요.

1 이 글의 중심 낱말을 괄호에서 찾아 ○표 하세요.

> 학교 폭력 처벌 강화를 앞두고 찬반 (논쟁 / 논증)이
> (팽팽하게 / 느슨하게) 일어나고 있어요.

2 맞으면 ○, 틀리면 X 하세요.

❶ 정부와 여당이 앞으로 학교 폭력 처벌을 강화하려고 한대요. ( )
❷ 학교 폭력 처벌이 강화되면 법적 분쟁이 늘어날 우려가 있어요. ( )
❸ 학교 폭력 처벌 강화는 학교 폭력 예방과 관련이 없어요. ( )

3 낱말과 어울리는 뜻에 줄을 그어보세요.

불이익 •   • 말썽을 일으키어 시끄럽게 다툼
처사 •   • 주의 깊게 살피어 경계하는 마음
분쟁 •   • 일을 처리함. 또는 그런 처리
경각심 •   • 이익이 되지 않고 손해가 남

4 주어진 단어를 활용해 한 문장을 써보세요.

> **강화하다**
> 예) 정부는 음주 운전에 대한 처벌을 강화하기로 결정했어요.

 학교 폭력 처벌을 강화하는 것에 대해 어떻게 생각하나요?

02

공부 잘되는 약이라고 속여서
마약을 먹게 하다니

유도하다
목적한 장소나 방향으로 이끌다

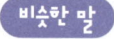 **꾀다**
그럴듯한 말로 남을 속이다

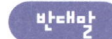 **미혹하다**
무엇에 홀려 정신을 못 차리다

'붕붕드링크'는 10년 전쯤 유행했던 음료의 별명이에요. 에너지 드링크에 자양강장제를 섞은 건데요. 공부하기 전 각성 효과가 좋다는 입소문이 퍼져서 많은 인기를 얻었던 음료예요. 하지만 붕붕드링크는 카페인 과다 섭취로 부작용이 생길 수 있어서 많은 논란이 있었어요. 붕붕드링크가 건강에 좋은지 나쁜지 갑론을박이 있었지만 범죄의 영역은 아니었죠.

최근에 서울 강남 학원가에서 학생들에게 마약 성분이 든 음료를 권한 일당이 경찰에 붙잡혔어요. 이들은 학생들에게 "이걸 마시면 기억력과 집중력이 향상되어 공부를 잘하게 된다"며 음료를 마시게 유도했어요. 이들의 꾐에 빠져 실수로 음료를 먹은 학생들의 부모에게 "돈을 주지 않으면 마약 음료를 마셨다고 신고하겠다"며 협박도 일삼았어요. 공부를 잘하고 싶은 학생들의 순수한 마음을 마약 범죄에 이용한 거예요. 낯선 사람이 주는 음료는 절대로 먹지 않도록 해요.

1 이 글의 중심 낱말을 괄호에서 찾아 ○표 하세요.

> 학생들의 공부 잘하고 싶은 마음을 (활용 / 이용)하여
> 마약 드링크를 마시게 한 (일당 / 한당)이 경찰에 붙잡혔어요.

2 맞으면 ○, 틀리면 X 하세요.

❶ 붕붕드링크는 5년 전쯤 유행했던 음료의 별명이에요. (   )
❷ 붕붕드링크는 당시 카페인 과다 섭취로 부작용이 생길 수 있어 논란이었어요. (   )
❸ 한 일당이 강북 학원가에서 마약 음료를 권하다 경찰에 붙잡혔어요. (   )

3 낱말과 어울리는 뜻에 줄을 그어보세요.

입소문 •   • 입에서 입으로 전하는 소문
각성   •   • 서로 상대편의 주장을 반박함
갑론을박 •   • 깨어 정신을 차림
미혹하다 •   • 무엇에 홀려 정신을 못 차리다

4 주어진 단어를 활용해 한 문장을 써보세요.

> **권하다**
> 예) 준혁이는 고운이에게 맛있는 케이크를 먹어보라고 권했어요.

 마약 드링크 범죄에 휘말리지 않으려면 어떻게 해야 할까요?

03

반려동물 병원비가 저렴해진대요

선호하다
여럿 가운데서 특별히 좋아하다

 **애호하다**
사랑하고 좋아하다

 **기피하다**
싫어하여 피하다

 병원에서 진료비를 낼 때 부가가치세(부가세)가 면제되는 것을 알고 있나요? 우리나라 국민들의 진료비가 저렴한 이유는 바로 이 때문이에요. 하지만 그동안 반려동물 진료비에는 부가가치세가 붙었어요. 부가세가 붙다 보니 반려동물 진료비는 사람과 비교해 훨씬 비쌌었죠.

그러나 다행히도 2023년 연말부터 반려동물 진료비에도 부가가치세가 면제된대요. 전국에서 반려동물을 키우는 사람들이 약 1,300만 명인데 이분들의 병원비 부담이 줄어들 예정이에요. 이것은 윤석열 대통령의 선거 공약이기도 했어요. 앞으로 반려동물의 진료비가 저렴해지면 의료 복지도 향상될 거라 기대하고 있어요. 반려동물이 아플 때 꼭 필요한 진료를 받을 수 있도록 금전적인 부담이 줄어들었으니까요.

아울러 이번 조치는 물가를 안정시키는 데에도 도움이 된대요. 사실상 세금을 줄여준 거니까요. 반려동물을 키우는 사람들이 선호할 만한 뉴스네요.

1 이 글의 중심 낱말을 괄호에서 찾아 ○표 하세요.

> 반려동물 진료비에서 부가가치세가 (면피 / 면제)되면서
> 진료비 부담이 훨씬 (더해질 / 덜어질) 예정이래요.

2 맞으면 ○, 틀리면 X 하세요.

① 그동안 반려동물 진료비에는 부가가치세가 붙었어요. ( )
② 사람은 병원 진료비에 부가세가 면제되지 않아요. ( )
③ 전국에서 반려동물을 키우는 사람들은 약 1,300만 명이에요. ( )

3 낱말과 어울리는 뜻에 줄을 그어보세요.

면제 •   • 한 해의 마지막 무렵
연말 •   • 정부나 정당이 국민에게 약속함
공약 •   • 필요한 대책을 세워 행함
조치 •   • 책임이나 의무를 면하여 줌

4 주어진 단어를 활용해 한 문장을 써보세요.

> **저렴하다**
> 예) 예진이는 저렴한 물건을 사기 위해 마트에 들렀어요.

 반려동물 진료비가 저렴해지면 어떤 긍정적인 효과가 있을까요?

04

AI 시대가 오면 인기 직업도 바뀔까요?

 **대체하다**
다른 것으로 대신하다

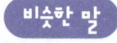 **대신하다**
자리를 바꾸어서 새로 맡다

 **손수하다**
제 손으로 직접 하다

 현재 성적 상위권 학생들이 희망하는 인기 직업은 의사예요. 의대에 진학해서 장래 높은 소득을 올리고자 하는 학생들이 많아요. 그렇다면 인공지능(AI) 시대에도 인기 직업은 여전히 변함이 없을까요?

전문가들은 AI 시대에는 새로운 직업이 많이 생길 것으로 예견하고 있어요. 대표적인 직업이 '프롬프트 엔지니어'라고 해요. 프롬프트 엔지니어는 수준 높은 질문을 계속 던지면서 AI를 훈련하는 직업이에요. 아직 AI가 완벽하게 사람처럼 생각하고 행동할 수 없기에 이 직업은 앞으로 각광을 받을 거라고 내다봤어요.

그럼 AI 시대에는 기존의 직업이 모두 사라질까요? 전문가들은 사람들이 기피하는 일을 AI가 대신 도맡아 해줄 거라고 예견했어요. 그리고 앞으로 AI 개발도 사람들이 꺼리는 일자리를 대체하는 방향으로 이루어져야 한다고 강조했어요.

1 이 글의 중심 낱말을 괄호에서 찾아 ○표 하세요.

> AI 시대가 오면 지금까지의 직업 (체증 / 체계)에
> (변화 / 변질)가(이) 있을 거라고 해요.

2 맞으면 ○, 틀리면 X 하세요.

❶ 현재 성적 상위권 학생들의 인기 직업은 의사예요. (   )

❷ 미래에는 AI가 의사 직업을 100% 대체할 거예요. (   )

❸ 프롬프트 엔지니어는 AI에게 훈련을 받는 사람이에요. (   )

3 낱말과 어울리는 뜻에 줄을 그어보세요.

장래 •   • 다가올 앞날

소득 •   • 일어날 일을 미리 짐작하다

예견하다 •   • 일한 결과로 얻은 이익

각광 •   • 사회적 관심이나 흥미

4 주어진 단어를 활용해 한 문장을 써보세요.

> **기피하다**
> 예) 비속어를 자주 쓰는 진우를 친구들이 기피하기 시작했어요.

 AI 시대에 인기 있을 직업으로는 또 어떤 것들이 있을까요?

05 비싸도 영어 유치원으로!

증가하다
양이나 수치가 늘다

비슷한 말 늘어나다
부피나 분량이 커지거나 많아지다

반대말 감소하다
양이나 수치가 줄다

영어 유치원 비용이 대학 등록금의 2배에 달할 정도로 비싼데도 인기가 식지 않고 있어요. 유아기부터 영어에 집중하면 나중에 커서도 영어 공부를 잘할 수 있다고 믿기 때문인데요. 이런 믿음 때문인지 학생 수가 줄어드는 요즘에도 영어 유치원의 수는 5년 만에 2배 가까이 증가했어요.

사실 영어 유치원은 일반 유치원과 다르게 유아교육법을 적용받지 않는 곳이에요. 그래서 일반 사립 유치원과 다르게 원비 상승에 제한이 없어요. 영어 유치원 비용이 날이 갈수록 고공행진을 하는 이유도 바로 이 때문이에요. 서울 소재 영어 유치원의 경우 전체 평균 학원비가 월 100만 원이 넘는대요.

가정 형편이 어려워서 자녀를 영어 유치원에 못 보내는 부모들의 박탈감 때문에라도 영어 유치원을 일반 유치원처럼 관리 감독해야 한다는 목소리가 커지고 있어요.

1 이 글의 중심 낱말을 괄호에서 찾아 ○표 하세요.

> (유아기 / 청소년기) 영어 교육에 관심이 많은 사람들 때문에 값비싼 영어 유치원의 인기가 (낮아지고 / 높아지고) 있어요.

2 맞으면 ○, 틀리면 X 하세요.

❶ 영어 유치원의 비용이 대학 등록금의 2배에 달하고 있어요.   (   )

❷ 영어 유치원의 수는 10년 만에 2배 가까이 증가했어요.   (   )

❸ 영어 유치원은 유아교육법의 적용을 받아요.   (   )

3 낱말과 어울리는 뜻에 줄을 그어보세요.

등록금　　　　　•　　　•　양이나 수치가 늘다

박탈　　　　　　•　　　•　등록할 때 내는 돈

증가하다　　　　•　　　•　남의 재물이나 권리를 빼앗음

감독하다　　　　•　　　•　일이 잘못되지 않도록 단속하다

4 주어진 단어를 활용해 한 문장을 써보세요.

> 엄두를 못 내다
>
> 예) 생쥐는 고양이가 무서워서 도망칠 엄두를 못 냈어요.

 영어 유치원이 비싼데도 인기가 날로 높아지는 이유는 무엇 때문일까요?

06

의사와 간호사의
불꽃 튀는 영역 다툼

대립하다

의견이 서로 반대되거나 모순되다

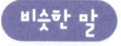 **부딪치다**

의견이 대립하는 관계에 놓이다

 **일치하다**

서로 어긋나지 않고 같다

'간호법'을 두고 의사와 간호사가 치열하게 대립하고 있어요. 간호법은 간호사의 업무 규정을 하나의 법률로 분리한 거예요. 이 법에는 간호사가 일하는 환경 개선, 정확한 업무 범위 등을 담고 있어요.

간호법이 왜 다툼의 중심이 되는지 모르겠다고요? 그 핵심은 '단독으로 병원을 개원할 수 있느냐'에 있어요. 현재는 의사만 병원을 개원할 수 있거든요. 의사들은 이 법이 통과되면 나중에 간호사가 단독으로 병원을 개원할 수도 있다면서 반대하고 있어요.

하지만 간호사들은 이 법으로 단독 개원을 할 수는 없다고 항변하고 있어요. 간호법은 개원하는 것과는 거리가 멀다는 거지요. 간호사들은 현재의 의료 체계를 개선하기 위해 간호법을 추진하는 거라고 주장해요. 의사들은 이 주장에 대해서도 의료 체계를 함께 개선해야지 왜 간호사만 법을 따로 만드냐며 부정하고 있어요.

1 이 글의 중심 낱말을 괄호에서 찾아 ○표 하세요.

> 의사와 간호사는 서로 각기 다른 (이권 / 이적) 때문에
> 간호법을 두고 (설립 / 대립)하고 있어요.

2 맞으면 ○, 틀리면 X 하세요.

❶ 간호법은 간호사의 업무 규정을 하나의 법률로 분리한 거예요. ( )
❷ 간호법의 핵심은 '의사와 함께 병원을 개원할 수 있느냐'에 있어요. ( )
❸ 간호사는 간호법으로 단독 개원을 할 수는 없다고 항변하고 있어요. ( )

3 낱말과 어울리는 뜻에 줄을 그어보세요.

개원하다 • • 목표를 향하여 밀고 나아가다
대립하다 • • 잘못된 것을 고쳐 더 좋게 만들다
개선하다 • • 의견이 서로 반대되거나 모순되다
추진하다 • • 병원이 처음으로 일을 시작하다

4 주어진 단어를 활용해 한 문장을 써보세요.

> 담다
> 예) 유찬이의 편지에는 사랑하는 마음이 가득 담겨 있었어요.

 간호법이 제정되어야 한다고 생각하나요? 왜 그렇게 생각하나요?

07

편의점 도시락은 엄마, 아빠의 것

향상하다
실력, 수준, 기술이 나아지다

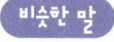 **상승하다**
낮은 데서 위로 올라가다

 **하락하다**
값이나 등급이 떨어지다

　예전에는 편의점 음식을 주로 학생들이 산다고 생각했는데 꼭 그렇지는 않아요. 편의점에서 도시락이나 삼각김밥 같은 간편식을 사는 사람들을 조사해보니 10~30대보다 40대가 더 큰 비중을 차지하고 있다고 나왔거든요.

　지금의 40대는 젊어서부터 편의점 음식을 경험한 세대예요. 그래서 편의점 음식에 별다른 거부감이 없고, 오히려 바쁜 일상에 쉽고 빠르게 먹을 수 있는 좋은 선택지로 생각하고 있어요. 게다가 요즘처럼 고공행진하는 물가 속에서 가격까지 저렴하니 금상첨화인 셈이지요.

　편의점 업계는 40대들이 혼자 먹기보다 가족이나 동료들과 함께 먹기 위해 여러 개를 주문하는 경우가 많고, 편의점에 온 김에 다른 물품도 구매하는 경우가 흔해서 매출 향상에 큰 도움이 된다며 반기고 있어요. 편의점 업계는 앞으로 40대 고객의 취향을 고려한 메뉴를 개발하겠다고 했어요.

1 이 글의 중심 낱말을 괄호에서 찾아 ○표 하세요.

> 편의점 간편식을 10~30대보다 40대가 더 (적게 / 많이) 구매하는데 편의점 업계는 이를 (반기고 / 미루고) 있어요.

2 맞으면 ○, 틀리면 X 하세요.

❶ 편의점 간편식은 10~30대가 40대보다 많이 산대요. ( )
❷ 편의점 음식은 외식하는 것보다 가격이 비싼 편이에요. ( )
❸ 40대는 편의점에 와서 물건 여러 개를 함께 사는 편이에요. ( )

3 낱말과 어울리는 뜻에 줄을 그어보세요.

금상첨화 •　　　　• 간단하게 조리하여 먹을 수 있는 음식
간편식 •　　　　• 좋은 일 위에 또 좋은 일이 더하여짐
구매하다 •　　　　• 생각하고 헤아려 보다
고려하다 •　　　　• 물건을 사들이다

4 주어진 단어를 활용해 한 문장을 써보세요.

> 경험하다
> 예) 제기차기를 직접 경험해보니 정말 재미있었어요.

 40대는 왜 편의점 음식을 많이 사는 걸까요?

08

장애인도 일하고 싶어요

채용하다

사람을 골라서 쓰다

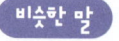 **고용하다**
삯을 주고 사람을 부리다

 **해임하다**
지위나 임무를 그만두게 하다

 일하고 싶어도 일하지 못하는 장애인이 많아서 사회적 문제가 되고 있어요. 보건복지부에 따르면 국내에 등록된 장애인은 264만 명(전체 국민의 5.12%)인데, 일할 수 있는 나이의 장애인은 약 67만 명이고 실제 일하는 장애인은 그중 38%에 불과하다고 해요.

실제 공공 기관이나 민간 기업에서는 장애인을 의무적으로 3.1% 이상 채용하게 되어 있어요. 그러나 이 수치를 채우지 못하는 곳이 많아요. 장애인들이 일자리를 구하는 데 어려움을 겪는 이유는 무엇보다 기업들이 장애인을 고용하는 데 적극적이지 않기 때문이에요. 심지어는 수치로만 장애인을 고용한 것처럼 교묘하게 꾸미거나, 2~3개월만 일하게 하고 해고하는 곳들도 있어요. 정부는 장애인 고용 의무를 지키지 않은 곳들의 명단을 공개하고 있는데 이마저도 큰 효과가 없는 상태예요. 부디 장애인들도 일할 수 있는 환경이 조성되었으면 좋겠네요.

1 이 글의 중심 낱말을 괄호에서 찾아 ◯표 하세요.

> 장애인 의무 (고용 / 이용)을 지키지 않는 회사들이 많아서
> 장애인들이 일자리를 구하지 못해 생존을 (위기 / 위협)받고 있어요.

2 맞으면 ◯, 틀리면 X 하세요.

❶ 보건복지부에 따르면 국내 등록된 장애인은 약 67만 명이에요.   (   )
❷ 일자리를 원하지 않는 장애인이 늘어서 사회적 문제가 되고 있어요.   (   )
❸ 기업들은 장애인을 고용하는 데 적극적이지 않다고 해요.   (   )

3 낱말과 어울리는 뜻에 줄을 그어보세요.

조성하다 •   • 솜씨나 재주가 약삭빠르고 묘하다
민간   •   • 내버려 두다
교묘하다 •   • 분위기나 정세를 만들다
방치하다 •   • 관청이나 정부 기관에 속하지 않음

4 주어진 단어를 활용해 한 문장을 써보세요.

> **꾸미다**
> 예) 팥쥐는 콩쥐가 잘못한 것처럼 흉계를 꾸몄어요.

 장애인의 일자리를 늘리려면 어떻게 해야 할까요?

09

4세대 걸그룹은
사랑을 찾지 않아요

반영하다

다른 것에 영향을 받아 현상이 나타나다

 **나타내다**

일의 결과를 겉으로 드러내다

 **감추다**

사물이나 현상이 사라지다

요즘 나온 걸그룹을 4세대 걸그룹이라고 칭해요. 에스파, 르세라핌, 아이브, 뉴진스가 바로 4세대 걸그룹의 대표 주자예요. 이 그룹들은 사랑 노래보다 자신만의 개성이 드러나는 노래를 통해 많은 사랑을 받고 있어요. 예전 걸그룹들은 섹시 콘셉트를 주로 내세웠는데, 4세대 걸그룹은 주체적이고 당당한 모습을 보여줘서 주목을 끌고 있어요.

르세라핌은 〈언포기븐〉이라는 앨범에서 어려움이 있더라도 주저앉지 말고 함께 이겨내자는 메시지를 담아냈어요. 아이브는 자기 자신을 사랑하는 마음을 담아 스스로 선택한 모든 걸 믿고 나아가자는 삶의 자세를 노래했고요. 에스파는 독특하고 색다른 느낌의 곡을, 뉴진스는 10대만이 보여줄 수 있는 순수하고 통통 튀는 노래로 인기를 얻고 있어요.

이러한 걸그룹들의 콘셉트에는 이제 연애보다 자신의 꿈과 정체성에 관심을 두는 요즘 젊은 세대의 특징이 많이 반영됐다고 해요.

1 이 글의 중심 낱말을 괄호에서 찾아 ○표 하세요.

> 4세대 걸그룹은 (귀여운 / 섹시) 콘셉트보다
> 자신들만의 (개성 / 아성)을 담은 노래로 많은 사랑을 받고 있어요.

2 맞으면 ○, 틀리면 X 하세요.

❶ 4세대 걸그룹은 섹시 콘셉트로 주목을 받고 있어요. ( )

❷ 아이브는 타인을 사랑하자는 메시지를 노래에 담았어요. ( )

❸ 4세대 걸그룹은 자신의 개성보다 사랑 노래만 불러요. ( )

3 낱말과 어울리는 뜻에 줄을 그어보세요.

주체적 • • 조직을 대신하여 일을 주도하는 사람

정체성 • • 변하지 않는 존재의 본질을 깨닫는 성질

칭하다 • • 무엇이라고 일컫다

대표 주자 • • 자주적인 성질이 있는

4 주어진 단어를 활용해 한 문장을 써보세요.

> **내던지다**
> 예) 태율이는 그동안의 두려웠던 마음을 내던지고 앞으로 나아가기로 결심했어요.

 4세대 걸그룹이 자신만의 개성을 내세울 수 있었던 이유는 무엇일까요?

10

저는 할아버지 아르바이트생입니다

지원하다

지지하여 돕다

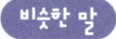 **돕다**
어려운 상황에서 벗어나게 하다

 **훼방하다**
남의 일을 방해하다

　노인들은 하루 종일 열심히 폐지를 주워도 손에 쥐는 돈은 아주 적어요. 요즘 저임금 일자리에 내몰리는 노인이 늘고 있어서 사회적 문제가 되고 있어요.

　물론 나이가 들수록 체력적으로 일하기 힘들어지는 것은 사실이지만, 저임금 일자리에서 노인이 차지하는 비율이 가파르게 상승하고 있는 것은 분명한 위험 신호예요. 여기서 더 문제는 그런 저임금 일자리조차 노인들이 경쟁하면서 구하고 있다는 점이에요.

　앞으로 인공지능(AI)이 도입되면서 첨단 사회에 적응하지 못하는 노인들은 더욱 늘어날 전망이라 대책이 필요해요. 현재 우리나라의 노인 빈곤율은 43.4%로 세계 최고 수준이에요. 노인 10명 중 4명 이상이 빈곤층인 셈이지요.

　노인들이 다양한 일자리를 찾을 수 있도록 정책적으로 지원하고, 노인을 위한 양질의 일자리가 늘어나면 좋겠네요.

1 이 글의 중심 낱말을 괄호에서 찾아 ○표 하세요.

> 노인들은 (고임금 / 저임금) 일자리로 내몰리고,
> (단순한 / 다양한) 직업을 구하지 못하고 있어요.

2 맞으면 ○, 틀리면 X 하세요.

❶ 저임금 일자리에 내몰리는 노인이 늘고 있어서 문제예요. (   )
❷ 노인들이 저임금 일자리는 쉽게 구할 수 있어요. (   )
❸ 첨단 사회에 노인들이 일자리 구하는 건 좀 더 쉬워질 전망이에요. (   )

3 낱말과 어울리는 뜻에 줄을 그어보세요.

폐지 •   • 산이나 길이 몹시 기울어져 있다
임금 •   • 쓰고 버린 종이
가파르다 •   • 가난하여 살기가 어려움
빈곤 •   • 노동의 대가로 받는 보수

4 주어진 단어를 활용해 한 문장을 써보세요.

> 도입하다
> 예) 사상은 회사에 새로운 승진 제도를 도입했어요.

 노인들이 양질의 일자리를 구할 수 있으려면 어떤 정책이 필요할까요?

11

CCTV로 학교 구석구석을 살펴보는 것은 어때요?

침해하다

침범하여 해를 끼치다

 **침범하다**
남의 권리, 재산에 해를 끼치다

 **선을 지키다**
다른 사람의 일에 간섭하지 않다

교육부는 학교 곳곳에 지능형 CCTV를 설치하여 위험 상황이 일어나는지 실시간으로 감시하겠다고 발표했어요. 예를 들어 교내 화장실에서 학교 폭력이 일어나면 **음성 감지** 센서가 이를 감지해 학교 전담 경찰관(SPO)이나 학교 보안 담당자에게 알리는 거예요. 학교에는 도서관이나 수영장 등 외부인들도 이용하는 시설이 함께 있어서 학생들이 범죄에 노출될 염려가 많기 때문이래요. 이 시스템이 도입되면 학생들이 움직이는 것을 관찰해 사고가 일어날 가능성을 계산해서 예방 조치를 취할 수도 있고, 얼굴을 인식해서 등하교 여부를 학부모에게 알리는 것도 가능해진대요.

하지만 반대 의견도 만만치 않아요. 이 시스템이 개인의 사생활을 **침해할** 수도 있기 때문이에요. 개인의 범죄 이력부터 얼굴, 목소리, 행동까지 **수집하는** 것이 **과도하다**는 거지요. 교내 CCTV 설치에 대해서도 의견이 많아요. 범죄 예방 효과도 있지만 인권 침해가 될 수도 있으니까요.

1 이 글의 중심 낱말을 괄호에서 찾아 ○표 하세요.

> 교육부가 학교 곳곳에 지능형 CCTV를 (제거 / 설치)해서
> 학생들의 (안전 / 개성)을 살핀다고 하여 논란이 되고 있어요.

2 맞으면 ○, 틀리면 X 하세요.

❶ 음성 감지 센서는 학교 폭력이 일어나면 보건 선생님께 알려요. ( )
❷ 학교에는 외부인이 이용하는 시설이 없어요. ( )
❸ 교내 CCTV 설치에 반대하는 사람들도 있어요. ( )

3 낱말과 어울리는 뜻에 줄을 그어보세요.

음성 • • 느끼어 알다
감지하다 • • 사람의 목소리나 말소리
과도하다 • • 취미를 위해 물건을 찾아 모으다
수집하다 • • 정도에 지나치다

4 주어진 단어를 활용해 한 문장을 써보세요.

> **예방하다**
> 예) 불의의 사고를 예방하기 위해 안전 수칙을 잘 지켜야 해요.

 교내 지능형 CCTV 설치의 장점과 단점은 무엇인가요?

12

코로나가 드디어 끝났어요

권고하다

어떤 일을 하도록 권하다

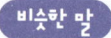 **권유하다**
어떤 일을 하도록 권하다

 **자발적**
남이 시키지 않아도 스스로 행하는 것

　코로나 팬데믹이 드디어 끝났어요. 이제부터는 코로나에 확진된 학생은 무조건 7일 동안 격리하는 것이 아니라 5일 동안 격리하라고 권고만 한대요. 그리고 학생의 증상 여부를 기록하던 자가진단 앱도 운영이 중단되었어요.

　교육부는 코로나19 위기 경보가 '심각' 상태에서 '경계'로 내려왔고 격리 의무도 사라졌으므로 학교 방역도 이에 맞춰 결정을 내린 거라고 발표했어요.

　물론 전처럼 교실은 단체 생활을 하는 곳이니까 소독과 환기는 계속해요. 다만 예전에는 1일 1회 소독, 3회 환기라는 규칙이 있었다면 지금은 교실 상황에 맞게 소독과 환기를 하면 돼요.

　마스크 착용 지침은 기존과 비슷해요. 실내 마스크 착용 의무가 해제되면서 이제 더 이상 마스크를 쓰지 않아도 돼요. 다만 코로나19 의심 증상이 있거나 비말이 많이 발생할 만한 상황에서는 마스크 착용하기를 권고하고 있어요.

1 이 글의 중심 낱말을 괄호에서 찾아 ○표 하세요.

> 코로나19 위기 경보가 '심각' 상태에서 '경계'로 (올라가면서 / 내려가면서)
> 교내 방역 수칙도 (완화 / 강화)되었어요.

2 맞으면 ○, 틀리면 X 하세요.

❶ 이제부터 코로나에 걸리면 무조건 7일 격리해야 해요.   (   )

❷ 코로나19 위기 경보가 '경계'에서 '심각' 단계로 내려왔어요.   (   )

❸ 교실에서 소독과 환기는 계속해요.   (   )

3 낱말과 어울리는 뜻에 줄을 그어보세요.

격리하다 •　　　　• 기침할 때 입에서 나오는 물방울

환기하다 •　　　　• 생활할 때 방향을 정한 준칙

지침　 •　　　　• 탁한 공기를 맑은 공기로 바꾸다

비말　 •　　　　• 다른 것과 통하지 못하게 떼어 놓다

4 주어진 단어를 활용해 한 문장을 써보세요.

> 실감나다
>
> 예) 비행기에서 내렸더니 해외여행 온 것이 실감났어요.

 코로나 단계가 내려오면서 교내 방역 지침이 어떻게 변화했나요?

13

빈대가 너무 무서워요

확산하다
흩어져 널리 퍼지다

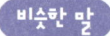 **번지다**
풍습이 사회 전반에 퍼지다

 **수렴하다**
나뉘어 있는 의견을 하나로 모으다

빈대 공포증이 전국에 확산되고 있어요. 심지어 공공장소에서 빈대를 봤다는 목격담까지 이어지고 있는데요. 정부와 지방자치단체들은 빈대를 잡기 위해 적극적인 방역에 나섰어요.

우리나라에 관광 온 외국인들이 늘면서 빈대가 외국인 여행객의 가방이나 옷에 붙어있다가 우리나라에 퍼지는 경우가 많대요. 적절한 시기에 방역하지 않으면 전국에 빈대가 출몰할 수 있어서 위험한 상황이에요.

빈대는 주변이 깨끗해도 생길 수 있어요. 위생과는 상관없이 누군가의 짐이나 옷에 붙었다 떨어지면 퍼지는 거예요. 개개인이 빈대를 100% 예방할 수 없으므로 결국 정부 차원의 방역 정책이 필요해요. 빈대는 기존 살충제에는 내성이 있어서 치명적인 살충제를 따로 뿌려야 한대요.

1 이 글의 중심 낱말을 괄호에서 찾아 ○표 하세요.

> 우리나라에 오는 외국인이 (늘면서 / 줄어들면서)
> 전국에 빈대가 (퍼져 / 근절되어) 위험한 상황이에요.

2 맞으면 ○, 틀리면 X 하세요.

❶ 정부와 지방자치단체들은 손 쓸 도리가 없어 지켜만 보고 있어요. ( )

❷ 빈대는 주변이 깨끗해도 생길 수 있어요. ( )

❸ 빈대는 개개인이 100% 예방할 수 없어요. ( )

3 낱말과 어울리는 뜻에 줄을 그어보세요.

출몰하다 • • 전염병을 미리 막는 일

방역 • • 대상이 나타났다 사라졌다 하다

내성 • • 목격한 것에 대한 이야기

목격담 • • 약물의 약효가 저하하는 현상

4 주어진 단어를 활용해 한 문장을 써보세요.

> **유행하다**
> 예) 겨울이 되니 독감이 유행하기 시작했어요.

 빈대를 박멸하기 위해서는 어떻게 해야 할까요?

14

저 조용히 나갈게요

진화하다
일이 점점 발달하여 가다

 **발달하다**
사회 현상이 높은 수준에 이르다

 **퇴보하다**
수준이 이전보다 뒤떨어지다

　단체 카카오톡 채팅방(단톡방)에서 나가기 버튼을 누르면 'ㅇㅇㅇ님이 나갔습니다'라고 표시되어 민망한 경우가 많았어요. 알림이 과도하게 많이 오거나 원치 않는 사람과 함께 있는 경우에는 단톡방을 나가고 싶은데도 이러한 표시 때문에 쉽게 나가지 못하고 눈치만 보곤 했지요.

　다행히 앞으로는 이런 눈치를 보지 않아도 될 것 같아요. 카카오톡에서 단톡방을 나갈 때 '채팅방 조용히 나가기' 기능을 이용하면 아무런 표시 없이 단톡방에서 나올 수 있거든요. 이 기능을 통해 다른 사용자들이 일일이 참여자 목록을 확인하지 않는 이상 누가 채팅방을 나갔는지 알 수 없어요.

　'채팅방 조용히 나가기' 기능을 사용하려면 카카오톡 앱을 최신 버전으로 업데이트하면 돼요. 또 추가된 기능이 있어요. 모르는 사람이 나를 단톡방에 초대하는 경우 채팅방 참여 여부를 사전(事前)에 물어보는 기능도 생겼대요. 이제 스팸 용도의 단톡방은 미리 거절할 수 있어요.

1 이 글의 중심 낱말을 괄호에서 찾아 ○표 하세요.

> 앞으로 카카오톡에서 (단톡방 / 개인톡방)을 나갈 때 '조용히 나가기' 버튼을 누르면 (별다른 표시 없이 / 나갔다는 표시와 함께) 방에서 나갈 수 있어요.

2 맞으면 ○, 틀리면 X 하세요.

❶ 채팅방 조용히 나가기 버튼을 누르면 아무런 표시 없이 단톡방에서 나올 수 있어요. (   )
❷ 조용히 나가기 버튼을 사용하려면 앱을 최신 버전으로 업데이트해야 해요. (   )
❸ 모르는 사람이 나를 단톡방에 초대하는 경우 거절할 수 없어요. (   )

3 낱말과 어울리는 뜻에 줄을 그어보세요.

민망하다 •   • 수준이 이전보다 뒤떨어지다

일일이 •   • 다수의 수신인에게 발송된 메시지

스팸 •   • 하나씩 하나씩

퇴보하다 •   • 낯을 들고 대하기가 부끄럽다

4 주어진 단어를 활용해 한 문장을 써보세요.

거절하다
예) 예빈이는 숙제를 해야 해서 원준이의 놀자는 제안을 거절했어요.

 '채팅방 조용히 나가기' 기능의 장점은 무엇인가요?

15

앞으로 의대생을 많이 뽑는대요

조율하다
문제를 대상에 알맞게 조절하다

비슷한 말 **절충하다**
서로 다른 의견을 조절하다

반대말 **독단적**
혼자서 판단하거나 결정하는 것

 정부가 2025년부터 의대 입학 정원을 최소 1,000명 이상 늘리기로 했어요. 사실 의대 정원은 2006년부터 18년째 3,058명을 유지하고 있었거든요. 이 발표가 확정되면 의대 정원이 4,000명 이상으로 확 늘어난대요.

의료계는 의대 정원을 늘리는 것에 강력한 반대 의사를 표시했어요. 의사 수가 늘어나면 의사의 질은 떨어지면서 의료비만 증가한다는 게 그 이유예요. 하지만 정부는 한결같이 의대 정원을 늘려야 한다는 입장이에요. 노인 인구가 점점 늘어나면서 의사가 많이 필요해지고 있기 때문이지요. 실제로 OECD 국가들 중 우리나라는 두 번째로 의사가 부족한 나라예요.

하지만 의료계는 의사 수를 늘릴 것이 아니라 의료 환경을 개선하는 것이 우선이라는 입장인데요. 정부는 이들과 계속 협상하면서 의견을 조율하고 있어요. 늘어난 의대 정원을 필요한 곳에 배치하는 것도 생각해봐야 할 문제예요.

1 이 글의 중심 낱말을 괄호에서 찾아 ○표 하세요.

> 노인 인구가 (줄어들면서 / 늘어나면서) 의사도 많이 필요해져서
> 정부는 의대 정원을 (늘리려고 / 줄이려고) 하고 있어요.

2 맞으면 ○, 틀리면 X 하세요.

❶ 정부가 2025년부터 의대 입학 정원을 최소 1만 명 이상 늘리기로 했어요.   (   )
❷ 의대 정원은 2006년부터 18년째 3,058명을 유지하고 있어요.   (   )
❸ 의료계는 의대 정원을 늘리는 것에 환영하고 있어요.   (   )

3 낱말과 어울리는 뜻에 줄을 그어보세요.

정원 •   • 문제를 대상에 알맞게 조절하다
확정하다 •   • 일정한 자리에 알맞게 보내다
배치하다 •   • 일을 확실하게 정하다
조율하다 •   • 규정으로 정한 인원

4 주어진 단어를 활용해 한 문장을 써보세요.

> 진입하다
> 예) 아빠 차가 아파트 주차장에 진입했어요.

 정부에서 의대 입학 정원을 늘려야 한다고 주장하는 이유는 무엇인가요?

16

늘봄학교가 뭐예요?

완화하다
급박한 것을 느슨하게 하다

 **풀다**
제한된 것을 할 수 있도록 터놓다

 **강화하다**
수준이나 정도를 더 높이다

'늘봄학교'는 초등학교에서 돌봄교실을 저녁 8시까지 운영하고, 아침과 틈새 시간에도 돌봄교실을 운영하는 것을 말해요. 지금은 전국의 300여 개 학교에서만 늘봄학교를 운영 중인데, 2025년부터는 모든 초등학교에서 늘봄학교를 운영할 예정이라고 해요.

그럼 저녁 8시까지 무엇을 하냐고요? 교육부는 재밌고 유익한 방과 후 프로그램을 많이 운영하겠다고 약속했어요. 주변 대학, 지역 사회와 협력해 예체능 활동도 한다고 해요. 그런데 늘봄학교는 원한다고 모두 참여할 수 있는 것은 아니에요. 하지만 앞으로는 모든 어린이가 참여할 수 있도록 기준을 완화한대요.

교육부는 어린 학생들이 밤늦게까지 학교에 있어야 하는 점을 해결하기 위해 근로자들을 많이 모집하고, 학교를 더 안전하게 리모델링하고, 돌봄교실을 더 늘리겠다고 했어요.

1 이 글의 중심 낱말을 괄호에서 찾아 ○표 하세요.

> 정부가 (중학교 / 초등학교)에서 (특수 교실 / 돌봄교실)을 저녁 8시까지 운영하는 늘봄학교를 추진하겠다고 발표해서 귀추가 주목되네요.

2 맞으면 ○, 틀리면 X 하세요.

① 늘봄학교는 현재 전국의 300여 개 학교에서만 운영되고 있어요. (   )
② 늘봄학교에서는 방과 후 프로그램에 참여할 수 없어요. (   )
③ 늘봄학교는 원하는 모두가 참여할 수 있어요. (   )

3 낱말과 어울리는 뜻에 줄을 그어보세요.

틈새 •   • 힘을 합하여 서로 돕다
협력하다 •   • 벌어져 난 틈의 사이
강화하다 •   • 오래된 집을 새롭게 고치는 일
리모델링 •   • 수준이나 정도를 더 높이다

4 주어진 단어를 활용해 한 문장을 써보세요.

> 모집하다
> 예) 희망유치원은 새로운 원생을 모집하고 있어요.

 늘봄학교 운영에 우려되는 점은 무엇인가요?

17 강아지랑 같이 대피해도 돼요?

육박하다
바싹 가까이 다가붙다

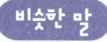 **다가붙다**
대상이 있는 쪽으로 더 가까이 붙다

 **멀어지다**
거리가 많이 떨어지다

만약 국가 재난이 발생해서 대피소로 대피해야 하는 상황이 오면 집에서 키우는 강아지를 데리고 갈 수 있을까요? 사실 국가가 운영하는 대피소에는 반려동물을 데리고 갈 수 없어요. 우리나라에서 반려동물을 키우는 사람은 1,500만 명에 육박해요.

2022년에 동물보호법이 개정되어 반려동물을 소유한 사람은 재난 시 동물이 안전하게 대피할 수 있도록 노력해야 한다는 조항이 생기긴 했어요. 하지만 실제로 반려동물과 대피할 수 있는 안전 피난처라든가 구체적인 대피 방법은 나와있지 않았어요.

행정안전부는 여전히 반려동물과 함께 대피하는 것은 어렵다는 입장이에요. 대피소에는 다양한 사람들이 모이기 때문에 다들 의견이 다를 수 있다는 거지요. 그렇다면 외국도 같은 입장일까요? 영국, 호주, 일본 등에는 반려동물과 함께할 수 있는 대피소가 마련되어 있어요.

1 이 글의 중심 낱말을 괄호에서 찾아 ○표 하세요.

> 우리나라는 국가 재난 상황에서 (가족 / 반려동물)과 함께
> 대피할 장소가 (마땅치 않아요 / 충분해요).

2 맞으면 ○, 틀리면 X 하세요.

❶ 국가가 운영하는 대피소에 반려동물을 데리고 갈 수 있어요. ( )

❷ 우리나라에서 반려동물을 키우는 사람은 1,500만 명에 육박해요. ( )

❸ 동물보호법상 재난 시 동물이 안전하게 대피할 수 있도록 노력해야 해요. ( )

3 낱말과 어울리는 뜻에 줄을 그어보세요.

재난 •   • 위험 상황에서 일시적으로 피하다

대피하다 •   • 뜻밖에 일어난 재앙과 고난

반려동물 •   • 비상시에 대피하는 곳

대피소 •   • 사람이 가까이 두고 기르는 동물

4 주어진 단어를 활용해 한 문장을 써보세요.

> **소유하다**
> 예) 놀부는 엄청난 재산을 소유하고 있어요.

 국가 재난 상황 시 대피소에 반려동물을 데리고 가는 것에 대해 어떻게 생각하나요?

18

저는 8살인가요, 9살인가요?

시행하다

실제로 행하다

 실시하다

실제로 시행하다

 무산되다

흐지부지 취소되다

나이를 표시할 때 '만 나이'로 통일하는 개정안이 시행되었어요. 만 나이는 0살로 시작해서 생일이 지날 때마다 한 살씩 추가되는 나이를 뜻해요. 그동안 우리나라는 태어나자마자 한 살로 치는 '연 나이'를 사용했거든요.

사람들은 여러 가지 장점이 있어서 대부분 환영하는 분위기예요. 우선 만 나이를 쓰게 되면 외국인과 나이 얘기를 할 때 쉽게 소통할 수 있어요. 외국에서는 주로 만 나이를 사용하거든요. 약국에서도 나눠주는 약 봉투에 나이가 적혀 있는데 이제는 헷갈리지 않고 만 나이로 이해하면 되니까 혼란이 줄어들게 됐어요. 그냥 한 살이 줄어들어 좋다는 사람들도 많아요.

다만 계속 연 나이로 유지하는 경우도 있어요. 대표적인 것이 술·담배 구입과 군대, 초등학교 입학의 경우예요. 이 경우는 갑자기 만 나이로 바꾸면 사회적 혼란이 발생할 수 있어서 그대로 연 나이를 유지하기로 했어요.

1 이 글의 중심 낱말을 괄호에서 찾아 ○표 하세요.

> 앞으로 나이를 표시할 때는 특수한 상황을 제외하곤 (만 나이 / 연 나이)로 통일하는 (개정안 / 문화)이(가) 시행되었어요.

2 맞으면 ○, 틀리면 X 하세요.

❶ '만 나이'는 0살로 시작해서 생일이 지날 때마다 한 살씩 추가되는 나이를 뜻해요. (   )

❷ 원래 우리나라는 연 나이를 사용하고 있었어요.   (   )

❸ 이제 약 봉투에 적혀있는 나이는 연 나이예요.   (   )

3 낱말과 어울리는 뜻에 줄을 그어보세요.

환영하다 •　　　　• 흐지부지 취소되다

유지하다 •　　　　• 상황을 계속하여 지탱하다

무산되다 •　　　　• 오는 사람을 반갑게 맞다

혼란 •　　　　• 어지럽고 질서가 없음

4 주어진 단어를 활용해 한 문장을 써보세요.

> **통일하다**
> 예) 가족 모두 짬뽕으로 메뉴를 통일했어요.

 만 나이를 사용하면 어떤 장점이 있나요?

19

온통 매운맛이 유행이에요

촉진하다
다그쳐 빨리 나아가게 하다

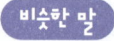 **재촉하다**
일을 빨리하도록 조르다

 **방임하다**
간섭하지 않고 내버려 두다

많은 사람이 맛있다거나 스트레스가 해소된다는 각자 나름의 이유로 매운맛을 즐기고 있어요. 식품 회사들은 사람들의 선호에 맞춰 여러 가지 매운 음식을 선보이는 상황이에요.

매운맛은 통증의 한 종류예요. 사람마다 입속에 통증을 느끼는 감각 수용체가 있는데 이것이 통증을 느낄 때 매운맛을 느끼게 해요. 사람에 따라 입 안에 있는 수용체의 개수가 달라서 이것이 많이 있는 사람은 매운맛을 잘 느끼고, 수용체가 적은 사람은 잘 느끼지 못해요. 나에게는 엄청 매운맛이 다른 사람에게는 별로 맵지 않게 느껴지는 이유예요.

과학적으로 매운맛은 실제로 스트레스를 줄여준다고 해요. 입 안의 수용체에 매운 성분들이 닿아 통증을 느끼게 하면 우리 뇌는 아픔을 줄이기 위해 행복한 느낌이 드는 호르몬을 촉진하거든요. 다만 매운 음식을 많이 먹으면 속이 쓰리고 소화가 잘 안될 수 있으니 주의하세요.

1 이 글의 중심 낱말을 괄호에서 찾아 ○표 하세요.

> 우리나라의 많은 사람들이 맛있다거나 (피로 / 스트레스)가 해소된다는 각자의 이유로 (단맛 / 매운맛)을 즐기고 있어요.

2 맞으면 ○, 틀리면 X 하세요.

❶ 우리나라 사람들은 매운맛을 즐기는 편이에요. ( )

❷ 매운맛은 통증의 한 종류예요. ( )

❸ 매운맛은 모두에게 똑같이 느껴져요. ( )

3 낱말과 어울리는 뜻에 줄을 그어보세요.

선호하다 •　　　　• 좋고 나쁨을 가려보이다

선보이다 •　　　　• 여럿 가운데서 특별히 좋아하다

방임하다 •　　　　• 다그쳐 빨리 나아가게 하다

촉진하다 •　　　　• 간섭하지 않고 내버려 두다

4 주어진 단어를 활용해 한 문장을 써보세요.

> **조심하다**
> 예) 눈 오는 날 계단에서 미끄러지지 않게 조심했어요.

 우리나라 사람들이 매운맛을 좋아하는 이유는 뭘까요?

20

저는 에리얼, 흑인 인어공주랍니다

개봉하다

새 영화를 처음으로 상영하다

 **상영하다**

극장에서 영화를 공개하다

 **종영하다**

영화 상영이 끝나다

　2023년에 디즈니에서 실사 뮤지컬 영화 〈인어공주〉를 개봉했는데, 흑인 배우 '할리 베일리'가 인어공주 역할을 맡아서 화제가 됐어요. 그동안 인어공주 역할은 주로 백인 배우가 맡았었거든요.

　이 영화를 연출한 롭 마샬 감독은 일부러 흑인 배우를 인어공주로 캐스팅한 것은 아니라고 인터뷰했어요. 애초에 흑인 배우를 뽑으려 했다기보다는 할리 베일리를 보고 인어공주에 딱 어울리겠다는 생각이 들어 캐스팅한 거래요. 롭 마샬 감독은 우연한 기회로 할리 베일리가 노래하는 모습을 보게 되었고 그 순간 인어공주 배역을 맡기고 싶다는 생각을 했대요.

　이에 사람들은 두 가지 반응을 보이고 있어요. 할리 베일리가 인어공주 역할에 정말 잘 어울린다는 의견이 있고요. 왜 원작과 달리 흑인 배우를 뽑았냐는 의견도 있어요. 감독은 배우의 인종보다는 영화 속에 드러나는 내용과 연기, 캐릭터를 봐달라고 부탁했어요.

1 이 글의 중심 낱말을 괄호에서 찾아 ○표 하세요.

> 롭 마샬 감독은 전통적으로 (백인 / 흑인)이 해오던 인어공주 배역을
> (흑인 / 백인) 배우로 캐스팅했어요.

2 맞으면 ○, 틀리면 X 하세요.

❶ 2023년에 디즈니에서 실사 뮤지컬 영화 〈인어공주〉를 개봉했어요.   (   )
❷ 흑인 배우 할리 베일리가 인어공주 역할을 맡았어요.   (   )
❸ 롭 마샬 감독은 일부러 흑인 배우를 인어공주로 캐스팅했어요.   (   )

3 낱말과 어울리는 뜻에 줄을 그어보세요.

실사 •   • 영화로 각색되기 이전의 작품
우연 •   • 배우가 맡은 역할
원작 •   • 실물 등을 그리거나 찍은 사진
배역 •   • 뜻하지 않게 일어난 일

4 주어진 단어를 활용해 한 문장을 써보세요.

> **어울리다**
> 예) 나비 모양의 머리끈이 지우한테 잘 어울린다고 생각했어요.

 인어공주 역할에 흑인 배우가 캐스팅된 것이 왜 논란인가요?

가로세로 낱말 퍼즐

가로 열쇠

1. 여럿 가운데서 특별히 좋아함
2. 물건을 사들임
3. 지진이 나서 일시적으로 피함
4. 몸의 영양과 체력을 좋게 하는 약.
   에너지드링크에 이걸 섞어요
7. 일한 결과로 얻은 이익
8. 수치가 계속 오르는 현상.
   물가가 ○○○○을 하고 있다.

세로 열쇠

1. 물건의 좋은 점을 보여주다.
   신상품을 ○○○○
2. 일정한 기준으로 갈라서 나눔.
   공부 시간과 휴식 시간의 뚜렷한 ○○
3. 의견이 서로 반대되거나 모순됨
5. 다가올 앞날. ○○ 희망
6. 입에서 입으로 전하는 소문
8. 생각하고 헤아려 봄

2장
과학 뉴스 문해력왕

21

남극의 초거대 빙산이 30년 만에 움직였대요

방출하다
비축하여 놓은 것을 내놓다

 **배출하다**
안에서 밖으로 밀어 내보내다

 **흡수하다**
외부에 있는 것을 내부로 모아들이다

　남극에 있는 세계 최대 크기의 빙산은 그 크기가 무려 서울시의 약 6배라고 해요. 이 어마어마한 크기의 빙산이 30여 년 만에 움직이기 시작해서 화제예요. 무게가 약 1조 톤에 달하는 무거운 빙산이 어떻게 움직이냐고요? 빙하를 움직일 만큼 강한 바람과 해류가 일고 있어서 가능해요. 빙산은 현재 남극반도 북단을 빠르게 지나는 상태라고 해요.

　빙하학자 올리버 마쉬는 빙산이 움직인 이유에 대해 "시간이 흐르면서 빙산이 얇아지고 약간의 부력이 생기면서 해류에 의해 밀려난 것 같다"고 이야기했어요. 문제는 빙산이 계속 이동하다 보면 아르헨티나 남쪽의 사우스조지아 섬에 부딪힐 위험이 있다는 거예요. 빙산이 섬에 부딪히게 되면 거기 살고 있는 물개와 펭귄, 바닷새 등이 피해를 볼 수 있거든요.

　물론 단점만 있는 것은 아니에요. 빙산이 녹으면 먹이사슬에 도움이 되는 미네랄이 바다에 방출되어 해양 생태계가 더 건강해질 수 있어요.

1 이 글의 중심 낱말을 괄호에서 찾아 ○표 하세요.

> (북극 / 남극)에 있는 세계 (최소 / 최대) 크기의 빙산이 30여 년 만에 움직이기 시작했어요.

2 맞으면 ○, 틀리면 X 하세요.

❶ 거대한 빙산이 이동하는 것은 매우 흔한 일이에요. ( )
❷ 세계 최대 크기의 빙산은 너무 무거워서 움직이지 못해요. ( )
❸ 빙산이 녹으면 해양 생태계가 더 건강해질 수 있어요. ( )

3 낱말과 어울리는 뜻에 줄을 그어보세요.

해류 • • 먹이로 이어진 생물 간의 관계
북단 • • 생체에 필요한 광물성 영양소
먹이사슬 • • 북쪽의 끝
미네랄 • • 바닷물의 흐름

4 주어진 단어를 활용해 한 문장을 써보세요.

> **일다**
> 예) 바다에는 거센 파도가 일고 있어요.

 거대한 빙산이 움직이면 어떠한 장점과 단점이 있나요?

22

탕후루 인기의 과학적인 비밀

내재하다

범위 안에 들어 있다

 **담기다**
어떤 내용이나 사상이 포함되다

 **외재하다**
범위 안에 있지 않고 밖에 있다

 우리나라에서 탕후루의 인기가 치솟는 비결이 무엇인지 과학적으로 밝혀볼까요? 우선, 탕후루는 단 음식이에요. 단맛 음식에는 당이 들어있는데 우리의 에너지원으로 쓰이는 필수 물질이지요. 우리 몸에는 당을 먹고자 하는 욕구가 자연스럽게 내재하고 있어요.

그리고 탕후루의 식감도 인기에 한몫해요. 겉에는 설탕이 코팅되어 바삭하고 안에는 과즙과 함께 부드러운 맛이 나서 두 가지 상반된 식감이 어우러지며 매력을 더하고 있어요. 한 전문가는 자신의 저서에 '바삭함을 좋아하는 것은 인류의 본능'이라고 썼어요. 원시 시대부터 포유류의 오랜 먹이가 곤충이었고, 곤충의 식감이 바삭거리기에 바삭한 음식을 좋아하는 것은 자연스러운 일이라는 얘기겠죠.

탕후루를 먹을 때는 탕후루가 부서지는 순간 날카로운 설탕 조각들이 입속에 상처를 낼 수 있으니 천천히 녹여서 먹는 것이 좋겠죠?

1 이 글의 중심 낱말을 괄호에서 찾아 ○표 하세요.

> (우리나라 / 해외)에서 달콤한 맛과 특유의 식감을 가진 탕후루의 인기가 (낮아지고 / 높아지고) 있어요.

2 맞으면 ○, 틀리면 X 하세요.

❶ 탕후루에는 당이 들어있어요. ( )
❷ 원시 시대부터 포유류의 오랜 먹이는 파충류였어요. ( )
❸ 탕후루가 입속에서 부서지는 순간 베이지 않게 조심해야 해요. ( )

3 낱말과 어울리는 뜻에 줄을 그어보세요.

식감 • • 물기가 없이 보송보송하다
과즙 • • 자기만의 뛰어난 방법
바삭하다 • • 과일을 짜서 나온 즙
비결 • • 음식을 먹을 때 느끼는 감각

4 주어진 단어를 활용해 한 문장을 써보세요.

어우러지다
예) 봄이 되자 산에는 들꽃이 어우러지며 아름다운 풍경을 자아냈다.

 우리나라에서 탕후루의 인기가 높아질 수 있었던 비결은 무엇인가요?

23

미세먼지가
공룡을 멸종시켰다고요?

도달하다
목적한 곳이나 수준에 다다르다

비슷한 말 **다다르다**
목적한 곳에 이르다

반대말 **출발하다**
목적지를 향하여 나아가다

공룡이 왜 멸종했는지 알고 있나요? 공룡이 멸종한 원인에는 다양한 설이 있지만 최근에 미세먼지가 주요 원인이었다는 연구 결과가 나왔어요.

연구에 의하면 6600만 년 전 멕시코 유카탄반도에 소행성이 충돌해서 어마어마한 양의 미세먼지를 방출했고 이것이 공룡을 멸종시켰다고 해요.

미세먼지가 어떻게 공룡을 멸종시켰냐고요? 벨기에 왕립천문대 샘 베르크세넬 박사 연구팀은 소행성이 지구에 충돌하면서 많은 파편과 먼지가 분출되어 기후를 차갑게 만들었고 이로 인해 공룡이 멸종했다고 발표했어요.

지구에는 햇빛이 도달하며 지표면을 따뜻하게 데워야 하는데 미세먼지가 지구에 닿는 태양열을 차단하면서 표면이 15도 이상 차가워진 거예요. 결국 이렇게 차가워진 상태가 지속하며 공룡이 멸종했다고 해요.

1 이 글의 중심 낱말을 괄호에서 찾아 ○표 하세요.

> 6600만 년 전 멕시코에 소행성이 충돌하며 어마어마한 (해일 / 미세먼지)가(이) 발생해서 공룡이 (발생했다 / 멸종했다)는 연구 결과가 발표되었어요.

2 맞으면 ○, 틀리면 X 하세요.

❶ 소행성이 지구에 충돌하는 순간 많은 파편과 먼지가 분출되었어요.   (   )
❷ 미세먼지는 지구에 닿는 태양열이 증가할 수 있게 도와줘요.   (   )
❸ 지구에는 햇빛이 도달하며 지표면을 차갑게 해요.   (   )

3 낱말과 어울리는 뜻에 줄을 그어보세요.

지속하다 •   • 어떤 상태를 오래 계속하다
충돌하다 •   • 비축하여 놓은 것을 내놓다
방출하다 •   • 서로 맞부딪치거나 맞서다
도달하다 •   • 목적한 곳이나 수준에 다다르다

4 주어진 단어를 활용해 한 문장을 써보세요.

> **데우다**
> 예) 엄마는 내가 집에 오자마자 미역국을 데우기 시작하셨어요.

 소행성 충돌이 공룡을 멸종시켰다고 보는 까닭은 무엇인가요?

24

진짜 다이아몬드랑 똑같네~! 랩그로운 다이아몬드의 등장!

동일하다
어떤 것과 비교하여 똑같다

 **다름없다**
견주어 보아 같거나 비슷하다

 상이하다
서로 다르다

 반짝이는 다이아몬드를 보고 있으면 참 예쁘다는 생각이 들지요? 그동안 천연 다이아몬드는 너무 비싸서 사지 못하는 사람들이 많았어요. 그런데 최근 실험실에서 다이아몬드와 똑같은 '랩그로운 다이아몬드'를 만들었어요. 랩그로운 다이아몬드는 천연 다이아몬드의 결정(結晶)을 실험실에서 키워 천연 다이아몬드와 동일한 성분을 가지고 있어요. 인공 다이아몬드지만 천연 다이아몬드와 구조 면에서 똑같다고 해요.

 차이점이 있다면 천연 다이아몬드는 만들어지기까지 수억 년의 세월이 걸리지만, 랩그로운 다이아몬드는 실험실에서 금방 만들 수 있다는 점이에요. 그러다 보니 가격도 천연 다이아몬드보다 훨씬 저렴하지요.

 랩그로운 다이아몬드는 환경보호 측면에서도 도움이 돼요. 천연 다이아몬드는 채굴하는 과정에서 환경이 오염되는 경우가 많은데 랩그로운 다이아몬드는 그럴 염려가 없거든요.

1 이 글의 중심 낱말을 괄호에서 찾아 ○표 하세요.

> 랩그로운 다이아몬드는 천연 다이아몬드의 (대체품 / 본품)으로
> 요즈음 환경보호와 가격 면에서 인기가 (상승하고 / 하락하고) 있어요.

2 맞으면 ○, 틀리면 X 하세요.

❶ 랩그로운 다이아몬드는 천연 다이아몬드와 성분이 달라요. ( )
❷ 랩그로운 다이아몬드는 천연 다이아몬드의 결정을 실험실에서 키운 거예요. ( )
❸ 천연 다이아몬드는 만들어지기까지 수억 년의 세월이 걸려요. ( )

3 낱말과 어울리는 뜻에 줄을 그어보세요.

천연 • • 어떤 것과 비교하여 똑같다
상이하다 • • 땅속에 묻혀 있는 광물을 캐내다
동일하다 • • 사람의 힘을 가하지 않은 상태
채굴하다 • • 서로 다르다

4 주어진 단어를 활용해 한 문장을 써보세요.

> 키우다
> 예) 저희 어머니께서는 집에서 많은 식물을 키우고 계세요.

 많은 소비자들이 랩그로운 다이아몬드를 찾는 이유는 무엇일까요?

25

요거트로 입 안의 마늘 냄새를 없앨 수 있대요

제거하다

없애 버리다

비슷한 말 **빼다**
전체에서 일부를 덜어내다

반대말 **생성하다**
사물이 생겨나다

우리나라 요리에는 마늘이 많이 사용되는데요. 먹을 때는 맛있지만 먹고 나서는 입 안에 마늘 특유의 냄새가 나서 곤란할 때가 있어요. 그런데 최근에 요거트로 입 안의 마늘 냄새를 없앨 수 있다는 연구 결과가 발표되었어요.

사실 마늘 냄새가 나는 이유는 '알리신'이라는 물질 때문이에요. 원래 마늘에 있는 '알리인'이라는 성분은 아무 냄새가 나지 않아요. 그런데 마늘이 입 안에서 부서지는 순간 '알리신'이라는 성분으로 바뀌면서 냄새가 나기 시작해요.

그럼 어떻게 요거트가 마늘 냄새를 없애는 걸까요? 요거트는 단백질 성분이 있는데 이 성분이 마늘에서 냄새가 나지 않게 잡아두는 역할을 해요. 그런 이유로 단백질 성분이 많은 요거트일수록 마늘 냄새를 제거하는 데 효과적이에요. 요거트만 마늘 냄새를 없앨 수 있을까요? 아니에요. 사과, 민트, 양상추 같은 채소와 과일이 마늘 냄새를 없애는 데 도움이 돼요.

1 이 글의 중심 낱말을 괄호에서 찾아 ○표 하세요.

> 요거트의 (지방 / 단백질) 성분이 입 안의 마늘 냄새를
> (제거 / 생성)하는 데 효과적이에요.

2 맞으면 ○, 틀리면 X 하세요.

① 우리나라 요리에는 마늘이 거의 사용되지 않아요. ( )
② 입 안에서 마늘 냄새가 나는 이유는 '알리신'이라는 물질 때문이에요. ( )
③ 단백질 성분이 적은 요거트일수록 마늘 냄새를 제거하는 데 효과적이에요. ( )

3 낱말과 어울리는 뜻에 줄을 그어보세요.

성분 •   • 사정이 몹시 딱하고 어렵다
곤란하다 •   • 통일체를 이루고 있는 것의 한 부분
특유 •   • 사물이 생겨나다
생성하다 •   • 일정한 사물만이 특별히 갖추고 있음

4 주어진 단어를 활용해 한 문장을 써보세요.

> **바뀌다**
> 예) 황량했던 들판이 노란 개나리 색깔로 바뀌었어요.

 요거트가 입 안의 마늘 냄새를 제거하는 비결은 무엇인가요?

26

우주선 '스타십' 비행 실패

낙하하다
높은 데서 낮은 데로 떨어지다

 **추락하다**
높은 곳에서 떨어지다

 **상승하다**
낮은 데서 위로 올라가다

 우주기업 스페이스X는 우주선 '스타십' 두 번째 시험비행에 실패했어요. 원래 스타십은 발사된 뒤 1시간 반 정도 지구 궤도를 돌다가 하와이 인근 태평양에 낙하할 예정이었어요.

발사 당일, 스타십은 오전 7시 3분에 우주 발사시설 '스타베이스'에서 발사되었어요. 발사 직후 스타십은 정상적으로 작동했고 2단 로켓의 아랫부분도 분리되었어요. 그런데 문제는 분리 이후 스타십과 통신이 끊긴 거예요. 통신이 끊어지자 스타십은 자폭했어요. 우주선에는 통신이 끊어지면 혹시 엉뚱한 곳으로 가는 것을 막기 위해 자폭하는 기능이 장착되어 있었거든요.

그럼 이번 발사 프로젝트는 실패한 걸까요? 사실 그렇지 않아요. 첫 번째 우주선 발사 실험에서는 아예 2단 로켓의 분리조차 안 되었거든요. 스페이스X는 이번 발사가 처음보다 많은 발전을 이뤘다고 자축하면서 앞으로 우주여행의 실현을 위해 더욱더 노력하겠다는 입장을 밝혔어요.

1 이 글의 중심 낱말을 괄호에서 찾아 ○표 하세요.

> 우주기업 스페이스X의 우주선 '스타십'이 (첫 번째 / 두 번째) 시험비행에
> (성공 / 실패)했어요.

2 맞으면 ○, 틀리면 X 하세요.

① 스타십은 발사된 뒤 1시간 반 정도 달 궤도를 돌 예정이었어요. (   )
② 스타십은 우주 발사시설 '스타베이스'에서 발사되었어요. (   )
③ 통신이 끊어지면 스타십은 자폭하게 설계되었어요. (   )

3 낱말과 어울리는 뜻에 줄을 그어보세요.

낙하하다 •   • 좋은 일을 스스로 축하하다
발사하다 •   • 폭발물을 스스로 터뜨리다
자폭하다 •   • 로켓을 쏘다
자축하다 •   • 높은 데서 낮은 데로 떨어지다

4 주어진 단어를 활용해 한 문장을 써보세요.

> 작동하다
> 예) 수리된 냉장고는 정상적으로 작동하기 시작했어요.

 우주선 '스타십'이 두 번째 시험비행에 실패했음에도 스페이스X가
자축한 이유는 무엇인가요?

27

침팬지도 나이 들면 월경을 안 한대요

추정하다
미루어 생각하여 판정하다

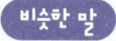 **짐작하다**
사정을 어림잡아 헤아리다

 **직관하다**
감각, 경험으로 직접 파악하다

　여성은 사춘기에 몸에 변화가 생기면서 월경을 해요. 월경을 시작했다는 것은 임신해서 아이를 낳을 수 있는 몸이 되었다는 신호예요. 그러다 중년 여성이 되면 월경이 멈추고 아이를 낳을 수 없게 되지요. 그것을 '폐경'이라고 해요.

　이러한 폐경 현상은 사람과 고래에서만 나타난다고 알려져 있었는데, 최근에 미국 연구팀이 아프리카 숲에 사는 야생 침팬지에게서도 폐경 현상이 나타난다는 사실을 알아냈어요. 이러한 사실이 놀라움을 주는 이유는 보통 동물 암컷은 죽을 때까지 새끼를 낳을 수 있기 때문이에요. 그리고 침팬지는 사람과 비슷한 점이 또 있어요. 사람은 폐경과 상관없이 생존할 수 있는데 침팬지도 폐경한 이후에 한참 동안 살 수 있다고 해요. 그렇다면 이러한 폐경 현상은 왜 일어나는 걸까요? 사실 명확하게 밝혀진 것은 아직 없어요. 다만 폐경을 하는 것이 생존에 더 유리하기 때문에 그런 것이 아닐까 추정하는 상태예요.

1 이 글의 중심 낱말을 괄호에서 찾아 ○표 하세요.

> 침팬지도 (사람 / 양서류)처럼 (폐경 / 월경) 현상을 겪는다는 사실이 밝혀졌어요.

2 맞으면 ○, 틀리면 X 하세요.

❶ 여성은 사춘기에 몸에 변화가 생기면서 월경을 해요. ( )

❷ 월경을 하면 더 이상 임신을 하지 못하게 돼요. ( )

❸ 보통 동물 암컷은 죽을 때까지 새끼를 낳을 수 있어요. ( )

3 낱말과 어울리는 뜻에 줄을 그어보세요.

생존하다 •　　　　• 명백하고 확실하다

명확하다 •　　　　• 성인이 되어 가는 시기

사춘기 •　　　　• 살아 있거나 살아남다

추정하다 •　　　　• 미루어 생각하여 판정하다

4 주어진 단어를 활용해 한 문장을 써보세요.

> **낳다**
>
> 예) 솔이네 강아지가 새끼를 낳았어요.

 사람과 침팬지에게 왜 폐경 현상이 일어날까요?

28

사람의 팔과 다리도 재생할 수 있을까요?

재생하다
손상된 부분이 다시 자라나다

 **되살아나다**
죽거나 없어졌던 것이 다시 살아나다

 **소실되다**
사라져 없어지다

도마뱀은 꼬리가 잘려도 다시 자라나는 것을 알고 있나요? 도마뱀처럼 인간의 팔과 다리를 재생할 수 있다면 얼마나 좋을까요? 우리나라의 한 연구진이 이러한 분야에 대해 활발히 연구하고 있다고 해요.

우리 몸에서 손상된 세포 부분이 다시 살아나는 것을 '재생'이라고 하는데요. 신체 재생을 위해서는 세포 중에서도 스스로 복제될 수 있는 '줄기세포'가 필요해요. 연구진은 바로 이 줄기세포를 이용해 세포를 재생하는 방법을 연구하고 있는 거예요.

그럼 지금은 우리 몸에 줄기세포가 없는 걸까요? 아니에요. 건강한 사람의 몸에는 이미 줄기세포가 있어요. 하지만 우리 몸을 건강하게 유지하는 정도만 존재할 뿐이에요. 팔이나 다리가 자라나게 하는 정도가 되려면 더 많은 줄기세포가 필요해요. 연구진은 줄기세포가 우리 몸에 추가적으로 생겨날 수 있는 약을 개발하려는 거예요.

1 이 글의 중심 낱말을 괄호에서 찾아 ○표 하세요.

> 우리나라의 한 연구진이 (줄기세포 / 면역세포)를 이용해
> 인간의 팔과 다리를 (재생하는 / 절단하는) 연구를 진행하고 있어요.

2 맞으면 ○, 틀리면 X 하세요.

❶ 도마뱀은 꼬리가 잘려도 다시 자라나요. ( )
❷ 손상된 세포가 다시 살아나는 것을 '재현'이라고 해요. ( )
❸ 우리 몸에는 줄기세포가 존재하지 않아요. ( )

3 낱말과 어울리는 뜻에 줄을 그어보세요.

손상 • • 사라져 없어지다
소실되다 • • 물체가 깨지거나 상함
개발하다 • • 본디의 것과 똑같은 것을 만들다
복제하다 • • 새로운 물건을 만들다

4 주어진 단어를 활용해 한 문장을 써보세요.

> **활발하다**
> 예) 극단에서는 배우들이 활발하게 활동하고 있어요.

 사람 몸을 도마뱀의 꼬리처럼 재생하려면 어떻게 해야 할까요?

29

운동 후엔
이온음료? 탄산음료?

보충하다

부족한 것을 보태어 채우다

비슷한 말 **보강하다**
본디보다 더 튼튼하게 하다

반대말 **감축하다**
덜어서 줄이다

숨이 찰 정도로 힘들게 운동하고 난 뒤에는 이온음료와 탄산음료 중 어떤 것을 마시는 것이 더 좋을까요? 이온음료는 애초부터 운동한 후에 마시라고 만들어진 음료예요. 별명이 '스포츠음료'인 이유도 이 때문이지요. 이온음료에 들어있는 전해질은 우리 몸의 영양소를 옮기고 노폐물을 배출해주는 물질이에요. 우리 몸은 땀을 흘리면 수분과 함께 전해질이 빠져나가기 때문에 이온음료로 보충할 수 있어요.

또한 이온음료에서는 은은한 단맛이 나는데, 이러한 단맛이 우리 몸에 에너지를 제공하기 때문에 운동한 후에 이온음료를 마시면 도움이 돼요.

탄산음료는 물에 탄산과 시럽을 넣어 만든 음료예요. 탄산을 먹으면 톡 쏘는 맛과 함께 상쾌함을 느낄 수 있어요. 그러나 너무 많이 마시면 건강에 좋지 않아요.

1 이 글의 중심 낱말을 괄호에서 찾아 ◯표 하세요.

> 이온음료와 탄산음료 중 (운동 / 공부) 후에 마시면
> 더 좋은 것은 (탄산음료 / 이온음료)예요.

2 맞으면 ◯, 틀리면 X 하세요.

❶ 탄산음료는 운동 후 마시라고 만들어진 음료예요. ( )

❷ 이온음료의 별명은 '스포츠음료'예요. ( )

❸ 우리 몸은 땀을 흘리면 수분과 함께 전해질이 빠져나가요. ( )

3 낱말과 어울리는 뜻에 줄을 그어보세요.

보충하다 •　　　　• 부족한 것을 보태어 채우다

제공하다 •　　　　• 덜어서 줄이다

감축하다 •　　　　• 무엇을 내주거나 갖다 바치다

상쾌하다 •　　　　• 느낌이 시원하고 산뜻하다

4 주어진 단어를 활용해 한 문장을 써보세요.

> **만들다**
> 예) 달걀프라이는 만들기 쉬워요.

 탄산음료보다 이온음료가 운동 후에 마시기 더 적합한 이유는 무엇인가요?

30

태양계와 비슷한 고리가 있는 별, '포말하우트'

충돌하다
서로 맞부딪치거나 맞서다

 **부딪히다**
힘 있게 마주 닿게 되다

 **평행하다**
나란히 가다

밤하늘의 별자리 중에서 남쪽물고기자리를 찾아보면 유독 밝게 빛나는 별이 있어요. 그 별의 이름은 '포말하우트'예요. 포말하우트는 우리가 사는 지구에서 굉장히 멀리 떨어져 있는 별이지만 매우 밝아서 맨눈으로도 관찰할 수 있어요.

최근에 과학자들은 제임스웹 우주망원경을 이용해 이 별 주위에 먼지로 이루어진 고리가 두 개 더 존재한다는 것을 밝혀냈어요. 원래 포말하우트 주변에는 한 개의 고리만 있다고 알려졌었거든요. 여기서 말하는 먼지는 소행성이나 혜성이 부딪쳐 생긴 파편들이에요.

과학자들은 포말하우트 주변에서 고리뿐만 아니라 '큰먼지구름'도 찾아냈어요. 이 구름은 고리 안에서 얼음으로 된 두 천체가 충돌하면서 만들어진 거라고 해요. 이번 발견이 특별한 이유는 이 고리가 태양계에 있는 행성의 고리와 비슷하기 때문이에요.

1 이 글의 중심 낱말을 괄호에서 찾아 ○표 하세요.

> 과학자들은 포말하우트 주변에서 (한 / 두) 개의 (위성 / 고리)와(과) 큰먼지구름을 더 찾아냈어요.

2 맞으면 ○, 틀리면 X 하세요.

❶ 포말하우트는 천칭자리에서 찾을 수 있어요. ( )
❷ 포말하우트는 매우 밝아서 맨눈으로도 관찰할 수 있어요. ( )
❸ 그동안 포말하우트 주변에는 고리가 없다고 알려졌었어요. ( )

3 낱말과 어울리는 뜻에 줄을 그어보세요.

충돌하다 •　　　　• 안경 없이 직접 보는 눈
평행하다 •　　　　• 밝은 별을 중심으로 별의 위치를 정한 것
맨눈 •　　　　• 나란히 가다
별자리 •　　　　• 서로 맞부딪치거나 맞서다

4 주어진 단어를 활용해 한 문장을 써보세요.

> **이루어지다**
> 예) 곤충의 몸은 머리, 가슴, 배로 이루어졌다.

 포말하우트에서 고리와 큰먼지구름을 발견한 것이 특별한 이유는 무엇인가요?

31

세상에서 제일 높은 곳에 사는 포유류는 무엇일까요?

유지하다

어떤 상태를 계속 지탱하다

 **지속하다**

어떤 상태를 오래 계속하다

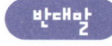 **그치다**

계속되던 움직임이 멈추다

 여러분은 높은 산에 올라가 본 적이 있나요? 일반적으로 고도가 높은 지역에 올라가면 산소가 부족해서 숨쉬기 힘들고, 기온이 내려가서 추위를 느껴요. 체온을 따뜻하게 유지하려면 산소가 필요한데 산소마저 부족하니 견디기 힘들거든요.

몸집이 작은 동물은 더더욱 그래요. 몸에서 열을 빨리 빼앗기기 때문에 체온을 유지하기 위해 많은 에너지를 써야 해서 높은 곳에서는 잘 버티지 못해요. 그런데 최근에 극한의 높은 지대에서 살았던 포유류가 발견되어 화제예요.

그 주인공은 푸나데바카스잎귀쥐예요. 이 쥐의 미라가 안데스산맥 해발 고도 6,000미터 이상의 높은 산에서 발견되었어요. 이러한 발견이 큰 의미가 있는 이유는 그동안 포유류가 너무 높은 곳에서는 살 수 없다고 알려져 있었기 때문이에요. 앞으로 푸나데바카스잎귀쥐를 좀 더 연구하면 포유류가 극한 환경에서도 살아남을 방법을 발견할 수 있을 거예요.

1 이 글의 중심 낱말을 괄호에서 찾아 ○표 하세요.

> 최근 극한의 (높은 / 낮은) 지대에서 살았던
> (포유류 / 파충류)가 발견되었어요.

2 맞으면 ○, 틀리면 X 하세요.

❶ 고도가 높을수록 숨쉬기가 쉬워져요. ( )

❷ 체온을 따뜻하게 유지하려면 산소가 필요해요. ( )

❸ 몸집이 클수록 높은 곳에서 잘 버티지 못해요. ( )

3 낱말과 어울리는 뜻에 줄을 그어보세요.

고도   •   • 동물체가 가지고 있는 온도

견디다   •   • 평균 해수면을 0으로 하여 측정한 높이

극한   •   • 어려운 환경에 굴복하지 않은 상태

체온   •   • 궁극의 한계

4 주어진 단어를 활용해 한 문장을 써보세요.

> 부족하다
>
> 예) 원준이는 급식 양이 부족해서 추가 배식을 받았어요.

 푸나데바카스잎귀쥐가 해발 고도 6,000미터 이상의 높은 산에서 발견된 것이 큰 의미를 가지는 이유는 무엇인가요?

32

만리장성이 2000년을 버틸 수 있었던 비결

침식하다

비바람이 지표를 깎다

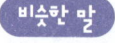 **잠식하다**

조금씩 먹어 들어가다

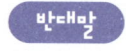 **퇴적하다**

암석의 파편이 쌓이다

만리장성은 중국에 있는 거대한 성벽이에요. 길이가 8851.8km에 달하는 이 성벽은 1987년에 역사적 가치를 인정받아 유네스코 세계문화유산으로 지정되었어요. 만리장성은 긴 세월 동안 거의 손상되지 않은 상태로 보존되고 있어요.

이렇게 큰 규모의 성벽이 어떻게 오랜 시간 멀쩡할 수 있는 걸까요? 최근에 과학자들이 만리장성이 오랜 기간 보존된 비결은 이끼에 있다는 사실을 밝혀냈어요. 이끼가 성벽이 비바람에 의해 침식하는 것을 막아주고 있다고 해요.

또한 이끼들은 서로 뭉쳐서 단단하게 성벽을 감싸고 있는데, 이것이 일종의 보호막 역할도 한다고 하네요. 만약 이끼가 없었더라면 만리장성은 일찌감치 무너져 버렸을지도 몰라요. 사실 만리장성은 흙벽으로 이루어져 있거든요. 흙벽은 비바람과 추위에 약해서 오랜 시간 유지하기가 힘들어요. 이번 발견은 자연이 문화유산을 보호해 준 사례라 의미가 깊네요.

1 이 글의 중심 낱말을 괄호에서 찾아 ○표 하세요.

> 이끼는 만리장성이 (비바람 / 해일)에 의해 (침식 / 퇴적)하는 것을 막아서 성벽이 오래 보존되는 역할을 하고 있어요.

2 맞으면 ○, 틀리면 X 하세요.

❶ 만리장성은 러시아에 있는 거대한 성벽이에요. ( )
❷ 만리장성은 유네스코 세계문화유산이에요. ( )
❸ 만리장성은 시멘트 벽으로 이루어져 있어요. ( )

3 낱말과 어울리는 뜻에 줄을 그어보세요.

거대하다 •   • 엄청나게 크다
보존하다 •   • 성곽의 벽
성벽 •   • 잘 보호하여 남기다
잠식하다 •   • 조금씩 먹어 들어가다

4 주어진 단어를 활용해 한 문장을 써보세요.

> 무너지다
> 예) 건이네 마을에 홍수가 나서 둑이 무너졌어요.

 만리장성은 어떻게 2000년 동안 보존될 수 있었을까요?

33

달의 나이는 몇 살일까요?

생성하다
사물이 생겨나다

 **발생하다**
어떤 일이나 사물이 생겨나다

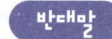 **소멸하다**
사라져 없어지다

달의 나이가 44억 6,000만 살 이상이라는 연구 결과가 나와서 화제예요. 한 연구팀이 달 탐사선 아폴로호를 통해 얻은 달 토양 샘플을 분석하여 이와 같은 사실을 확인했어요.

연구팀은 어떻게 달의 나이를 추정할 수 있었을까요? 달은 태양계가 만들어진 지 얼마 안 되었을 때 화성 크기의 거대한 천체가 지구와 충돌하면서 떨어져 나온 파편들이 뭉쳐진 거라고 알려져 있어요. 이때 파편들이 고온의 열기에 녹아내린 것을 분석하면 언제 달이 생성되었는지 알아낼 수 있다고 해요.

연구팀은 달에서 채취한 토양 샘플을 분석해서 언제쯤 녹아내렸는지 추정했어요. 그 결과 약 44억 6000만 년 전에 형성된 토양이라는 것을 밝혀냈어요. 즉, 달의 나이는 최소 44억 6,000만 살이라는 거지요. 연구팀은 이러한 결과와 함께 달에서 더 오래된 토양이 발견되면 달의 나이가 더 많아질 수도 있다고 덧붙였어요.

1 이 글의 중심 낱말을 괄호에서 찾아 ○표 하세요.

> 연구팀은 달에서 채취한 (토양 / 액체) 샘플을 분석해서
> 달의 나이가 (최대 / 최소) 44억 6,000만 살이라는 것을 밝혀냈어요.

2 맞으면 ○, 틀리면 X 하세요.

❶ 달 탐사선 아폴로호를 통해 달의 토양 샘플을 얻었어요. ( )

❷ 달의 나이는 달에서 채취한 토양 샘플을 통해 추정할 수 있어요. ( )

❸ 달에서 더 오래된 토양이 발견되면 달의 나이가 더 줄어들 수 있어요. ( )

3 낱말과 어울리는 뜻에 줄을 그어보세요.

토양 •   • 높은 온도

탐사선 •   • 사물이 생겨나다

고온 •   • 우주로 쏘아 올린 비행 물체

생성하다 •   • 식물에 영양을 공급하는 흙

4 주어진 단어를 활용해 한 문장을 써보세요.

> 뭉치다
>
> 예) 시연이는 눈을 뭉쳐 귀여운 눈사람을 만들었어요.

 연구팀은 어떻게 달의 나이를 추정할 수 있었을까요?

34

연가시는 어떻게
사마귀를 조종할까요?

조종하다

자기 마음대로 다루어 부리다

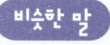 **부리다**

기계를 마음대로 조종하다

 **손수하다**

제 손으로 직접 하다

연가시는 사마귀 몸에 들어가 원하는 대로 조종할 수 있어요. 물에서 번식하는 연가시는 다 자라기 전까지는 주로 사마귀 몸에 들어가 영양분을 공급받아요. 그러다 연가시가 다 자라면 물에서 알을 낳기 위해 사마귀를 조종해서 물에 빠져 죽게 만들어요. 과학자들은 이런 연가시의 생존 방법에 대해 의문을 품고 어떻게 사마귀를 자기 마음대로 조종하는지 연구했어요.

그 결과 연가시가 사마귀의 몸속에 들어간 뒤에 사마귀에게 자신의 유전자를 전달하는 것이 밝혀졌어요. 이것은 부모가 자식을 낳을 때 유전자가 전달되는 것과는 다른 개념이에요. 바이러스나 박테리아를 통해 유전자를 전달하는 현상이지요.

연구팀은 연가시가 자신의 유전자를 전달해서 어떻게 사마귀를 조종하는지 더 깊은 연구가 필요하다고 덧붙였어요.

1 이 글의 중심 낱말을 괄호에서 찾아 ○표 하세요.

> 연가시는 사마귀 몸속에 들어가 (자신의 / 사마귀의) 유전자를 전달하여 원하는 대로 조종할 수 (없어요 / 있어요).

2 맞으면 ○, 틀리면 X 하세요.

❶ 연가시는 사마귀 몸에 들어갈 수 없어요. ( )

❷ 연가시는 물에서 알을 낳아요. ( )

❸ 사마귀는 연가시에게 자신의 유전자를 전달해요. ( )

3 낱말과 어울리는 뜻에 줄을 그어보세요.

번식하다 •   • 새로운 개체를 늘려 가다
공급하다 •   • 사물의 모양과 상태
의문 •   • 물품을 제공하다
현상 •   • 의심스럽게 생각함

4 주어진 단어를 활용해 한 문장을 써보세요.

> 자라다
> 예) 병아리는 어느덧 자라서 어엿한 닭이 되었어요.

 연가시는 어떻게 사마귀를 원하는 대로 조종할까요?

35

누리호 발사 성공! 우주에 도착했어요

싣다
탈것에 올리다

비슷한 말 적재하다
물건을 운송 수단에 싣다

반대말 내리다
위에서 아래로 옮기다

2023년 우리나라 우주선 '누리호'가 드디어 발사에 성공했어요. 이는 1993년 충남에서 첫 우주발사체를 날려 보낸 뒤 30년 후 거둔 쾌거예요.

누리호는 성공적인 발사를 위해 세 번의 시도를 했어요. 첫 번째 시도는 실패였고, 두 번째 시도는 성공하긴 했지만 진짜 위성을 싣지는 못했어요. 그리고 마침내 세 번째 시도에서 위성까지 싣고 멋지게 성공했어요!

누리호보다 몇 년 앞서 발사된 '나로호'도 비슷해요. 당시 나로호는 1차, 2차 때는 실패했지만 3차 때에는 발사에 성공하며 많은 사람들에게 기쁨을 안겨주었어요.

누리호의 발사가 성공한 의미는 무엇일까요? 처음 개발부터 발사까지 모든 과정을 우리나라 스스로 해냈다는 점에서 큰 의미가 있어요. 우주 산업 분야에서 우리나라가 한 발짝 더 나아가는 계기가 된 거지요.

1 이 글의 중심 낱말을 괄호에서 찾아 ○표 하세요.

> 2023년 우리나라 우주선 (누리호 / 나로호)가
> (두 / 세) 번의 시도 끝에 발사에 성공했어요.

2 맞으면 ○, 틀리면 X 하세요.

① 우리나라 첫 우수발사체는 1993년 충남에서 발사되었어요.　　　(　)

② 누리호는 첫 번째 시도 만에 발사에 성공했어요.　　　　　　　(　)

③ 우리나라는 개발에서 발사까지 누리호의 전 과정을 스스로 해냈어요.　(　)

3 낱말과 어울리는 뜻에 줄을 그어보세요.

시도　　•　　　　　　•　통쾌하고 장한 행위

적재하다　•　　　　　•　결정적인 기회

계기　　•　　　　　　•　이루어 보려고 계획하거나 행동함

쾌거　　•　　　　　　•　물건을 운송 수단에 싣다

4 주어진 단어를 활용해 한 문장을 써보세요.

> 거두다
>
> 예) 유찬이는 수학 경시대회에서 뛰어난 성적을 거뒀어요.

 누리호가 발사에 성공한 것이 큰 의미가 있는 이유는 무엇인가요?

36

로봇 슈트를 입으면
달리기 1등을 할 수 있어요

향상하다

실력, 수준, 기술이 나아지다

 **진보하다**
수준이 나아지다

 **퇴보하다**
수준이 전보다 뒤떨어지다

여러분은 달리기를 잘하나요? 세계에서 달리기를 제일 잘하는 자메이카의 우사인 볼트 선수는 100m를 9.58초 만에 달려서 세계 최고 기록을 달성했는데요. 로봇 슈트만 있으면 이 기록도 곧 깰 수 있을 거라고 해요.

로봇 슈트를 입으면 어떻게 달리기를 잘하게 되는 걸까요? 로봇 슈트에는 특수한 기계 장치가 달려있어요. 이 장치는 허벅지 근육에 힘을 보태서 달리기를 잘하게 도와줘요.

우리나라 연구팀은 운동을 전문적으로 배우지 않은 사람 9명에게 로봇 슈트를 입혀서 달리기를 해보게 했어요. 그러자 로봇 슈트를 착용하지 않았을 때보다 훨씬 빠르게 달리는 것을 확인했어요. 로봇 슈트가 사람이 달리기 시작한 순간부터 계속 도움을 주는 것을 증명한 거예요. 연구팀은 사람의 신체 능력을 더욱더 향상할 수 있는 로봇 슈트를 개발하겠다고 포부를 밝혔어요.

1 이 글의 중심 낱말을 괄호에서 찾아 ○표 하세요.

> 로봇 슈트에는 (평범한 / 특수한) 기계 장치가 달려있어
> (달리기 / 수영)를(을) 잘하게 도와줘요.

2 맞으면 ○, 틀리면 X 하세요.

❶ 세계에서 100m 달리기를 제일 잘하는 선수는 자메이카의 우사인 볼트예요. (   )

❷ 로봇 슈트를 입으면 배 근육에 힘을 보태 달리기를 잘하게 해줘요. (   )

❸ 로봇 슈트는 사람이 달리기 시작한 순간부터 계속 도움을 줄 수 있어요. (   )

3 낱말과 어울리는 뜻에 줄을 그어보세요.

특수하다 •　　　　• 모자라는 것을 더하여 채우다

보태다 •　　　　• 특별히 다르다

착용하다 •　　　　• 목적한 것을 이루다

달성하다 •　　　　• 옷을 입거나 모자를 쓰다

4 주어진 단어를 활용해 한 문장을 써보세요.

> **배우다**
> 예) 예빈이는 미술 시간에 콜라주를 배웠어요.

 로봇 슈트를 입고 사람의 신체 능력이 향상되면 어떤 장점이 있을까요?

37

생쥐의 상상력은 어느 정도일까요?

활성화하다
조직의 기능이 활발하다

 **촉진하다**
빨리 나아가게 하다

 **침체하다**
진전 없이 제자리에 머무르다

그동안 상상력은 인간만이 가진 능력이라고 알고 있었는데요. 최근 연구에서 생쥐와 같은 동물도 상상력이 있다는 것을 밝혀냈어요. 연구팀이 실험한 결과 쥐는 실제로 가지 않은 장소를 상상하며 떠올렸다고 해요. 몸이 머무르는 장소는 이곳이더라도 머릿속으로는 저 멀리 있는 곳을 떠올릴 수 있는 거지요.

연구팀은 어떻게 이러한 사실을 발견했을까요? 그 비밀은 바로 뇌에 있어요. 상상하는 순간 뇌의 해마 부분이 활성화하거든요. 연구팀은 쥐의 뇌 속에 있는 해마를 연구하여 쥐가 존재하지 않는 장소에 대해서도 상상할 수 있다는 사실을 밝혀냈어요. 이 연구는 인간이 아닌 동물에게도 상상력과 같은 인지하는 능력이 있다는 것을 알려주는 결과라서 의미가 깊어요. 독일 연구팀은 해파리에게 학습과 기억 능력이 있다는 사실을 발견했고, 오스트레일리아 연구팀은 식물 '미모사'에도 학습 능력이 있다고 발표했어요.

1 이 글의 중심 낱말을 괄호에서 찾아 ◯표 하세요.

> 생쥐 같은 동물에게도 (인간 / 식물)처럼
> (상상력 / 근력)이 있다고 해요.

2 맞으면 ◯, 틀리면 X 하세요.

❶ 상상하는 순간 뇌의 전두엽 부분이 활성화해요. ( )

❷ 인간이 아닌 동물에게도 상상력과 같은 인지 능력이 있어요. ( )

❸ 식물 '미모사'에는 학습 능력이 전혀 없어요. ( )

3 낱말과 어울리는 뜻에 줄을 그어보세요.

상상하다 •　　　　• 기억을 되살려내다

인지하다 •　　　　• 도중에 어떤 곳에 묵다

떠올리다 •　　　　• 마음속으로 그려 보다

머무르다 •　　　　• 어떤 사실을 인정하여 앎

4 주어진 단어를 활용해 한 문장을 써보세요.

> **존재하다**
> 예) 지구상에는 수많은 생명체가 존재하고 있어요.

 생쥐에게도 상상력이 있다는 것을 어떻게 알 수 있나요?

38

화성의 내부는 액체일까요, 고체일까요?

규명하다
자세히 따져서 바로 밝히다

 **밝혀내다**
옳고 그름을 판단하여 드러내다

 **은폐하다**
덮어 감추거나 가리어 숨기다

 2021년 독일·스위스 공동 연구팀은 화성의 내부가 지각, 맨틀, 핵으로 이루어져 있다는 사실을 밝혀냈어요. 당시 연구팀은 화성의 내부 구조는 밝혀냈지만 핵이 액체인지 고체인지까지는 규명하지 못했는데요. 최근 한 연구팀이 화성 안쪽 핵이 철 성분으로 이루어진 액체 상태라는 것을 밝혀냈어요. 지구의 안쪽 핵이 철과 니켈로 구성된 고체인 것과는 다르지요. 그렇다면 화성의 맨틀과 핵 사이에는 무엇이 있을까요? 연구팀은 화성의 맨틀과 핵 사이에는 열에 의해 녹은 규산염층이 존재하는 것으로 보인다고 설명했어요.

연구팀이 이렇게 화성 내부 상태를 밝혀낼 수 있었던 비결은 무엇일까요? 그것은 바로 지진파예요. 지진파를 이용하면 물체의 내부를 분석할 수 있는데, 2021년 운석 하나가 화성에 충돌하면서 지진이 일어난 덕분에 지진파를 이용할 수 있었다고 해요.

1 이 글의 중심 낱말을 괄호에서 찾아 ○표 하세요.

> 한 연구팀이 화성 안쪽 핵이 (철 / 구리) 성분으로 이루어진 (고체 / 액체) 상태라는 것을 밝혀냈어요.

2 맞으면 ○, 틀리면 X 하세요.

❶ 화성의 내부는 지각, 맨틀로만 이루어져 있어요. (   )
❷ 지구 안쪽 핵은 철과 니켈로 구성된 고체 상태예요. (   )
❸ 화성의 맨틀과 핵 사이에는 얼음층이 존재해요. (   )

3 낱말과 어울리는 뜻에 줄을 그어보세요.

내부 •   • 덮어 감추거나 가리어 숨기다
은폐하다 •   • 고체가 열기로 물처럼 되다
녹다 •   • 안쪽 부분
규명하다 •   • 자세히 따져서 바로 밝히다

4 주어진 단어를 활용해 한 문장을 써보세요.

> **충돌하다**
> 예) 교차로에서 자동차끼리 충돌하는 사고가 일어났어요.

 연구팀은 어떻게 화성의 내부 상태를 밝혀냈을까요?

39

딱딱했다가 부드러워지는 주사기가 발명됐어요

주입하다
흘러 들어가도록 부어 넣다

 **집어넣다**
어떤 공간에 들어가게 하다

 **추출하다**
전체 속에서 요소를 뽑아내다

몸이 아팠을 때 '정맥주사'를 맞아본 어린이가 있을 거예요. 정맥주사는 혈관에 직접 약물을 주입하기 때문에 효과가 빨리 나타나요. 하지만 혈관에 뾰족한 주삿바늘이 들어가는 순간 염증이 일어날 수도 있고 생체 조직이 손상되기도 해서 문제가 많았지요.

최근 우리나라 연구팀이 이러한 문제를 해결할 수 있는 주삿바늘을 개발하는 데 성공했어요. 이 주삿바늘은 평소에는 딱딱하지만 몸 안에 들어오는 순간 부드럽게 변해요. 그래서 혈관이 상하거나 염증이 일어나는 것을 최대한 방지할 수 있대요.

그럼 어떻게 주삿바늘이 딱딱했다가 부드러워질 수 있는 걸까요? 그 비밀은 바로 갈륨이라는 액체 금속에 있어요. 이 갈륨은 몸에 들어온 순간 액체로 변해 살처럼 부드러워져요. 이를 통해 앞으로 의료 수준이 더욱 향상할 것으로 기대되네요.

1 이 글의 중심 낱말을 괄호에서 찾아 ○표 하세요.

우리나라 연구팀이 평소에는 (부드럽지만 / 딱딱하지만) 몸 안에 들어오는 순간 (부드럽게 / 딱딱하게) 변하는 주삿바늘을 개발하는 데 성공했어요.

2 맞으면 ○, 틀리면 X 하세요.

❶ 정맥주사는 혈관에 직접 약물을 주입해요. ( )

❷ 정맥주사는 효과가 늦게 나타나는 편이에요. ( )

❸ 갈륨은 몸에 들어온 순간 고체로 변해 딱딱해져요. ( )

3 낱말과 어울리는 뜻에 줄을 그어보세요.

뾰족하다 • • 어떤 일이 일어나지 못하게 막다

염증 • • 세균이 침입하면 열이 나는 증상

방지하다 • • 흘러 들어가도록 부어 넣다

주입하다 • • 물체의 끝이 날카롭다

4 주어진 단어를 활용해 한 문장을 써보세요.

딱딱하다

예) 밥풀이 오래되어 딱딱해졌어요.

 주삿바늘이 딱딱하다가 몸에 들어오는 순간 부드러워지면 좋은 점은 무엇일까요?

40

감기 걸렸을 때 항생제를 맞으면 금방 나을까요?

기생하다
다른 종류의 생물이 함께 생활하다

비슷한 말 **붙어살다**
남에게 의지하여 얹혀살다

반대말 **독립하다**
독자적으로 존재하다

세균에 의해 병에 걸렸을 때는 병원에서 항생제를 처방하는데요. 항생제는 세균이 더 이상 몸에 퍼지지 않게 막아주고, 이미 존재하는 세균을 죽게 하는 약이에요. 1928년 플레밍이 개발한 최초의 항생제 페니실린 이후로 다양한 페니실린이 생겨나며 인류의 건강에 기여하고 있어요.

그렇다면 항생제는 감기를 빨리 낫게 하는 데 도움이 될까요? 사실 감기는 세균이 아니라 바이러스 때문에 걸리는 질병이에요. 세균과 바이러스는 같은 말이 아니냐고요? 세균과 바이러스는 매우 작은 생물이라는 공통점이 있지만 서로 다르답니다. 세균은 혼자서 에너지와 단백질을 만들어 살아갈 수 있지만, 바이러스는 혼자서는 살아남을 수 없어서 다른 생물에 기생해요.

항생제 치료 면에서도 마찬가지예요. 세균은 항생제로 치료할 수 있지만, 바이러스는 항생제로 치료할 수 없고 백신이나 항바이러스제를 맞아야 해요. 결론은 감기는 항생제로 치료하기 어렵다는 거예요.

1 이 글의 중심 낱말을 괄호에서 찾아 ○표 하세요.

> 감기는 (바이러스 / 세균)에 의해 걸리는 질병이라
> (바이러스 / 세균)을 죽게 하는 항생제로는 치료하기 어려워요.

2 맞으면 ○, 틀리면 X 하세요.

① 플레밍이 개발한 최초의 항생제는 페니실린이에요.　　　　( )
② 바이러스는 항생제로 치료할 수 있어요.　　　　　　　　　( )
③ 감기 걸렸을 때는 백신이나 항바이러스제를 맞아야 해요.　( )

3 낱말과 어울리는 뜻에 줄을 그어보세요.

처방하다　•　　　•　병이나 상처를 잘 다스려 낫게 하다
기여하다　•　　　•　병을 치료하는 방법을 제시하다
질병　　　•　　　•　도움이 되도록 이바지하다
치료하다　•　　　•　몸의 온갖 병

4 주어진 단어를 활용해 한 문장을 써보세요.

> **퍼지다**
> 예) 전염병이 전국에 퍼지기 시작했어요.

 항생제로는 감기를 치료하기 어려운 까닭은 무엇인가요?

가로세로 낱말 퍼즐

가로 열쇠

① 태양의 둘레를 공전하는 작은 행성
③ 비축하여 놓은 것을 내놓음.
   에너지를 ○○하다.
④ 느낌이 시원하고 산뜻하다
⑤ 폭발물을 스스로 터뜨림
⑦ 성인이 되어 가는 시기
⑧ 일정한 사물만이 특별히 갖추고 있음.
   바이올린 ○○의 가냘픈 음색

세로 열쇠

② 성곽의 벽
③ 어떤 일이 일어나지 못하게 막음
④ 경험하지 않은 것을 머릿속에 그려 봄
⑤ 좋은 일을 스스로 축하함
⑥ 총을 쏘다
⑨ 계속하여 보존하다. 균형을 ○○하다

3장
경제 뉴스 문해력왕

41

챗GPT에
비밀을 말하지 마세요

누설하다
비밀이 새어 나가다

누출하다
비밀이 밖으로 새어 나가다

감추다
사실이나 감정을 남이 모르게 하다

국내외 회사들은 '챗GPT 주의보'를 내렸어요. 직원들이 챗GPT에 회사 기밀을 얘기하여 자칫 비밀이 누설되는 일이 생길까 봐 걱정하고 있었거든요. 회사들은 자발적으로 챗GPT 사용법을 만들고 직원들을 단속하기 시작했어요.

챗GPT에 회사 비밀을 말하면 왜 안 되는 걸까요? 챗GPT가 회사 경쟁력과 업무 효율을 높이는 데 도움이 되기는 하지만, 회사의 중요한 정보나 비밀을 챗GPT에 말하면 외부에 유출될 가능성이 높기 때문이에요. 이 사실은 챗GPT를 개발한 회사 오픈AI에서도 솔직하게 인정했어요. 그러면서 챗GPT에 민감한 내용을 얘기하지 말아달라고 권고했어요.

이제 우리나라 회사들은 챗GPT를 현명하게 활용하기 위해 공부하고 있어요. 앞으로 챗GPT에 회사 비밀을 누설하지 않으면서 업무에는 도움이 되는 방향으로 사용되기를 바라요.

1 이 글의 중심 낱말을 괄호에서 찾아 ○표 하세요.

> 국내외 회사들은 챗GPT를 활용해 업무 (효율 / 태만)을 높이면서
> 회사 비밀을 (유출 / 단속)하지 않는 방향으로 노력을 기울이고 있어요.

2 맞으면 ○, 틀리면 X 하세요.

❶ 챗GPT로 비밀이 누설될 일은 전혀 없어요. ( )
❷ 회사에서는 챗GPT를 절대로 사용하면 안 돼요. ( )
❸ 챗GPT를 현명하게 활용하면 회사에 도움이 돼요. ( )

3 낱말과 어울리는 뜻에 줄을 그어보세요.

유출 •   • 경계하도록 미리 알리는 일
권고 •   • 밖으로 흘려 내보내다
누설 •   • 어떤 일을 하도록 권하다
주의보 •   • 비밀이 새어 나가다

4 주어진 단어를 활용해 한 문장을 써보세요.

> 단속하다
>
> 예) 경찰은 신호 위반하는 자동차를 단속했어요.

 챗GPT를 현명하게 사용하려면 어떻게 해야 할까요?

서울시 김포구?
김포가 서울이 될 수도 있대요

편입하다

대열에 끼어 들어가다

비슷한 말 **끼우다**
한 무리에 섞여 들다

반대말 **탈퇴하다**
조직에서 관계를 끊고 물러나다

경기도 김포시가 서울 김포구가 될 수도 있다고 해서 화제예요. 2024년 총선을 앞두고 '국민의힘'당에서는 김포시를 서울에 편입시키겠다는 공약을 발표했어요.

김포는 서울의 서쪽에 있는 도시로서 인구가 50만 명이 넘어가는 대도시예요. 김포는 여러 도시와 맞닿아 있는 모양새인데 일부분은 서울과도 맞닿아 있어요.

김포시에서는 한 여론조사 기관에 의뢰하여 시민들의 의견을 조사했어요. 그랬더니 약 68%가 서울시 편입에 찬성한다고 했대요. 하지만 이 조사만 믿기는 어려워요. 서울 편입을 반대하는 사람들도 꽤 있으니까요.

전문가들은 김포시를 서울에 편입하는 것보다 중요한 것은 김포시의 교통을 개선하는 거라고 입을 모았어요. 김포에서 서울로 출퇴근하는 사람들이 많은데 교통이 너무 불편해서 힘들어하거든요. 과연 서울시 김포구가 탄생할 수 있을까요?

1 이 글의 중심 낱말을 괄호에서 찾아 ○표 하세요.

> 경기도 김포시가 서울시에 (편입 / 축출)될지도 모른다고 해서
> (화제 / 무관심)입니다.

2 맞으면 ○, 틀리면 X 하세요.

① 경기도 김포시는 교통 환경이 좋습니다. ( )
② 경기도 김포시가 서울시에 편입될 수도 있어 화제입니다. ( )
③ 김포는 서울의 동쪽에 있습니다. ( )

3 낱말과 어울리는 뜻에 줄을 그어보세요.

발표 •   • 국회의원을 선출하는 선거
총선 •   • 잘못된 것을 고쳐 더 좋게 만듦
개선 •   • 어떤 사실을 세상에 널리 알림
탈퇴 •   • 조직에서 관계를 끊고 물러남

4 주어진 단어를 활용해 한 문장을 써보세요.

> **탄생하다**
> 예) 달걀에서 병아리가 탄생했어요.

 경기도 김포시가 서울시에 편입되는 것에 대해 어떻게 생각하나요?

43

골프 옷 매출이 줄었어요

모색
일을 해결하는 방법을 찾다

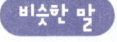 **찾다**
모르는 것을 알아내려고 애쓰다

 **등한하다**
관심이 없거나 소홀하다

경제가 어려워지자 사람들이 지출을 줄이면서 골프 옷 매출도 떨어졌어요. 코로나 팬데믹 때에도 골프 옷은 잘 팔렸는데, 코로나가 끝난 이후에 MZ세대가 골프보다는 다른 외부 활동에 관심을 기울이고 있는 것이 가장 큰 이유래요.

골프 치는 비용도 만만치 않지만, 골프 옷은 한 벌에 적게는 30만 원에서 많게는 100만 원 가까이 하지요. 골프 옷의 가격이 고공 행진하면서 중고 거래를 통해 골프 옷을 구하려는 사람들도 늘고 있어요. 반면에 아주 비싼 프리미엄 골프 옷을 선호하는 현상도 나타나고 있어요. 골프 옷이 비쌀수록 잘 팔린다는 사실이 재미있지 않나요?

이제 골프 옷 회사들은 프리미엄 골프 옷을 파는 데 집중하고, 우리나라뿐만 아니라 미국과 일본, 중국 같은 해외 시장에 진출해서 생존을 모색한다고 해요.

1 이 글의 중심 낱말을 괄호에서 찾아 ○표 하세요.

> 골프 옷 매출이 떨어지자 관련 회사들은 프리미엄 골프 옷을 (구매 / 판매)하거나 해외 시장으로 눈을 돌려 생존을 (방치 / 모색)하고 있어요.

2 맞으면 ○, 틀리면 X 하세요.

① 코로나 엔데믹 이후에 MZ세대는 골프에 관심이 많아졌습니다. (   )
② 골프 옷은 매우 저렴한 편입니다. (   )
③ 골프 옷 회사들은 해외 시장에 관심을 기울이고 있습니다. (   )

3 낱말과 어울리는 뜻에 줄을 그어보세요.

비용 •   • 살아남음
선호 •   • 물건을 내다 파는 일
매출 •   • 여럿 가운데서 특별히 좋아함
생존 •   • 일을 하는 데 드는 돈

4 주어진 단어를 활용해 한 문장을 써보세요.

> **선호하다**
> 예) 저는 쌀떡볶이보다 밀떡볶이를 선호해요.

 골프 옷이 비쌀수록 잘 팔리는 이유는 뭘까요?

44

K팝? 요즘엔 K푸드가 대세예요

수출하다
국내 상품을 외국에 팔다

 **팔다**
값을 받고 물건을 남에게 넘기다

 **수입하다**
다른 나라로부터 상품을 사들이다

파키스탄 약국에서 우리나라 김을 팔고 있어요. 파키스탄에서는 음식으로 요오드를 섭취하기 어려워서 김을 챙겨 먹는대요. 또한 스위스의 빙하 전망대에서는 신라면을 팔고 있어요. 스위스에서 우리나라 라면의 인기가 높아서 특별히 들여놓은 거라고 해요. 이 밖에도 영국 런던에서는 우리나라 만두를, 프랑스에서는 삼겹살을 인기리에 팔고 있어요.

우리나라 음식 수출을 담당하는 농림축산식품부에 따르면 우리나라 농수산 식품 수출액은 무려 약 15조 3,000억 원에 이른대요. 명실상부 K푸드가 우리나라 수출 효자 노릇을 톡톡히 하고 있답니다.

우리나라 정부도 K푸드가 해외에 널리 알려지도록 노력하고 있어요. 앞으로 국내의 훌륭한 요리사들이 전 세계로 뻗어나갈 수 있도록 지원하고 그들이 한식 노하우를 제공한다면 우리나라 음식의 우수성을 더 많이 알릴 수 있겠죠?

1 이 글의 중심 낱말을 괄호에서 찾아 ○표 하세요.

> K푸드의 인기가 높아지면서 정부도 한식의 (세계화 / 고립)를(을) 위해 (편각도 / 다각도)로 노력하고 있어요.

2 맞으면 ○, 틀리면 X 하세요.

① K푸드의 인기가 점점 시들해지고 있어요. ( )
② 파키스탄의 약국에서는 우리나라 김을 팔아요. ( )
③ 우리나라 정부는 K푸드를 알리는 데 관심이 없어요. ( )

3 낱말과 어울리는 뜻에 줄을 그어보세요.

전망대 •   • 지지하여 도움
명실상부 •   • 이름과 실상이 서로 꼭 맞음
노릇 •   • 맡은 바 구실
지원 •   • 멀리 내다볼 수 있도록 높이 만든 대

4 주어진 단어를 활용해 한 문장을 써보세요.

> **명실상부**
> 예) 김치는 명실상부한 우리나라의 대표 음식입니다.

 K푸드의 세계화를 위해 우리는 어떤 노력을 해야 할까요?

45

우리 유튜브에 나오려면 돈을 내세요!

탁월하다
남보다 두드러지게 뛰어나다

뛰어나다
남보다 월등히 앞서 있다

미흡하다
아직 흡족하지 못하다

요즘에는 물건을 팔기 위해 유튜브에 출연을 많이 하고 있어요. 그런데 유튜브에 출연하려면 돈을 내야 한대요. 한 회사는 유튜브 채널에서 물건을 광고하기 위해 무려 2,000만 원의 비용을 지불했대요. 정말 유명한 연예인이라서 유튜브 채널에 나오는 것만으로도 조회수가 보장되는 것이 아닌 이상은 채널에 돈을 내야지만 출연할 수 있는 거지요.

그렇다면 왜 돈을 내면서까지 유튜브에 광고를 하는 걸까요? 유튜브는 구독자들의 충성도가 높고 광고 효과가 탁월하기 때문이에요. 게다가 유튜브를 보는 사람들도 점점 늘어나고 있어서 유튜브의 영향력은 점점 더 커지고 있어요.

한 조사기관에서 조사해 보니 국내 동영상 광고 시장에서 유튜브에 무려 700억 원 이상의 광고비가 집행되었다고 해요. 2위인 인스타그램이 200억 원대인 것과 비교하면 3배가 넘는 금액이에요. 앞으로 유튜브 광고가 어떻게 진화할지 궁금해지네요.

1 이 글의 중심 낱말을 괄호에서 찾아 ○표 하세요.

> 유튜브는 광고 효과가 (탁월 / 미흡)해서 많은 회사들이
> 유튜브에 (공연 / 출연)하려고 합니다.

2 맞으면 ○, 틀리면 X 하세요.

❶ 국내 동영상 광고 시장 2위는 인스타그램입니다.　　　　(　　)
❷ 유튜브 광고는 효과가 별로 없어요.　　　　　　　　　(　　)
❸ 유튜브에 광고하는 것은 항상 무료입니다.　　　　　　(　　)

3 낱말과 어울리는 뜻에 줄을 그어보세요.

출연하다　　•　　　　　•　값을 치르다
지불하다　　•　　　　　•　연기를 하기 위해 무대에 나가다
보장하다　　•　　　　　•　실제로 시행하다
집행하다　　•　　　　　•　조건을 마련하여 보증하다

4 주어진 단어를 활용해 한 문장을 써보세요.

> 지불하다
> 예) 시연이는 떡볶이를 먹기 위해 3,000원을 지불했어요.

 유튜브의 광고 효과가 높은 이유로는 또 무엇이 있을까요?

46
우리나라가 빚쟁이래요

지속하다
어떤 상태를 오래 계속하다

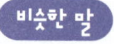 **계속하다**
끊지 않고 이어 나가다

 **중단하다**
중도에서 끊다

우리나라 빚이 2022년에 처음으로 1,000조를 돌파하면서 역대 가장 많은 **수치**를 기록했대요. 빚이 이렇게 늘어난 이유는 뭘까요? 그 이유는 세금을 많이 거뒀음에도 그보다 훨씬 더 많이 지출했기 때문이에요. 늘어난 씀씀이에 빚이 무려 1,000조를 기록한 거지요. 이대로 가만두면 위험하기에 우리나라 **곳간**을 잘 관리해야 한다는 목소리가 높아지고 있어요.

지금으로서는 갓난아이부터 노인까지 1인당 약 2,000만 원의 빚을 진 것과 똑같대요. 우리나라 예산을 관리하는 기획재정부에서는 이렇게 빚이 늘어난 이유에 대해 코로나 위기 극복을 위해 돈을 많이 쓰다 보니 일어난 일이라고 해명했어요.

국가 **채무**는 결국 우리 모두의 부담이에요. 또한 빚은 앞으로 우리나라의 성장 **잠재력**을 떨어뜨릴 수 있어요. 그러므로 우리나라의 예산을 필요한 데 쓰고, 필요 없는 곳엔 아낄 수 있도록 **지속**해서 감독하고 관리해야 해요.

1 이 글의 중심 낱말을 괄호에서 찾아 ○표 하세요.

> 우리나라 (채무 / 수입)가(이) 1,000조를 넘어
> (임시로 / 지속해서) 관리 감독해야 한다는 목소리가 높아지고 있어요.

2 맞으면 ○, 틀리면 X 하세요.

❶ 우리나라 빚이 점점 줄어들고 있어요. ( )
❷ 우리나라 예산을 관리하는 곳은 기획재정부예요. ( )
❸ 2022년 우리나라 빚이 1,000조를 돌파했어요. ( )

3 낱말과 어울리는 뜻에 줄을 그어보세요.

곳간 • • 드러나지 않고 속에 숨어 있는 힘
채무 • • 남에게 빚을 짐
잠재력 • • 물건을 간직하여 두는 곳
수치 • • 계산하여 얻은 값

4 주어진 단어를 활용해 한 문장을 써보세요.

> 잠재력
> 예) 선생님께서는 태율이의 잠재력이 대단하다고 칭찬하셨어요.

 우리나라 빚을 줄이려면 어떻게 해야 할까요?

47

챗GPT로 요리해요

응용하다
이론을 다른 분야에 적용하다

비슷한 말 **활용하다**
충분히 잘 이용하다

반대말 **악용하다**
잘못 쓰거나 나쁜 일에 쓰다

챗GPT에 "새로운 라면 요리법을 알려줘?"라고 했더니 쉬우면서도 입맛이 도는 볶음라면 레시피를 알려주었어요. 이제 인공지능(AI)이 소비자에게 요리법을 추천하고 알려주는 시대가 되었어요. 식품 회사들도 챗GPT를 이용하기 시작했어요. 미국에서는 고객 대신 장바구니에 원하는 식재료를 넣어주는 서비스를 하고 있어요. 이탈리아에서는 소비자가 마신 와인을 인공지능이 분석해서 입맛에 맞을 만한 새로운 와인과 음식을 추천한다고 해요. 이뿐만 아니라 일본, 영국, 네덜란드 등 세계 곳곳에서 음식을 주문하거나 만들 때 챗GPT를 활용하고 있어요.

이렇게 식품과 기술이 합쳐진 것을 '푸드테크'라고 해요. 푸드테크에서 챗GPT의 영향력은 점점 더 커지는 상황이에요. 챗GPT는 단순 노동을 반복하는 정도를 넘어서 스스로 주어진 명령을 응용할 수 있기 때문이에요. 챗GPT가 앞으로 우리가 사는 세상을 어떻게 바꿔놓을지 궁금해요.

1 이 글의 중심 낱말을 괄호에서 찾아 ○표 하세요.

> 음식을 주문하거나 만드는 데 챗GPT를 (활용 / 처분)한
> 푸드테크의 영향력이 점점 (축소 / 확대)되고 있어요.

2 맞으면 ○, 틀리면 X 하세요.

❶ 식품과 기술이 합쳐진 것을 '푸드테크'라고 해요.　　　　　(　)

❷ 세계 여러 나라에서 푸드테크에 챗GPT를 활용하고 있어요.　(　)

❸ 음식을 만들 때는 챗GPT를 이용할 수 없어요.　　　　　　(　)

3 낱말과 어울리는 뜻에 줄을 그어보세요.

소비자　●　　　　● 재화를 소비하는 사람

식재료　●　　　　● 몸을 움직여 일을 함

악용　　●　　　　● 잘못 쓰거나 나쁜 일에 씀

노동　　●　　　　● 음식의 재료

4 주어진 단어를 활용해 한 문장을 써보세요.

> 식재료
>
> 예) 엄마와 마트에 가서 저녁에 먹을 식재료를 샀어요.

 미래에는 챗GPT로 또 무엇을 할 수 있을까요?

48

집을 지을 시멘트가 부족해요

지연되다
일이 더뎌서 시간이 늦추어지다

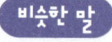 **연기되다**
정해진 기한이 뒤로 늘려지다

 **이르다**
기준을 잡은 때보다 빠르다

 우리가 살고 있는 집을 지을 때 어떤 재료를 사용하는지 알고 있나요? 맞아요, 시멘트를 사용해요. 그런데 요즈음 시멘트가 부족해서 문제예요. 건설 현장에서는 시멘트가 부족해서 공사가 지연되거나 중단되고 있어요. 집을 짓고자 하는 사람들은 많은데 집을 지을 시멘트는 턱없이 부족한 상황이에요.

정부는 이런 문제를 해결하기 위해 시멘트 공장을 더 많이 가동하도록 지시했어요. 그리고 외국으로 수출하는 시멘트를 우선적으로 국내에 공급하고, 시멘트가 공사 현장까지 잘 운반될 수 있게 운송 차량도 늘리기로 했어요.

그런데 또 하나의 문제는 가격이에요. 시멘트가 필요한 곳이 늘어남과 동시에 시멘트를 생산하는 비용도 올라서 시멘트 가격이 비싸지고 있어요. 건설 회사들은 시멘트가 부족한데 가격까지 비싸지니 울며 겨자 먹기로 공사를 하고 있어요.

1 이 글의 중심 낱말을 괄호에서 찾아 ○표 하세요.

> 요즘 건설업계는 집을 지을 시멘트가 (넉넉 / 부족)해서
> (아우성 / 환호성)이에요.

2 맞으면 ○, 틀리면 X 하세요.

❶ 시멘트 가격은 점점 저렴해지고 있어요. ( )

❷ 집을 지을 때는 시멘트가 사용돼요. ( )

❸ 정부는 시멘트의 원활한 공급에 관심을 기울이고 있어요. ( )

3 낱말과 어울리는 뜻에 줄을 그어보세요.

가동　　•　　　• 요구나 필요에 따라 물품을 제공함

운송　　•　　　• 사람이나 물건을 실어 보냄

울며 겨자 먹기 •　　• 싫은 일을 억지로 함

공급　　•　　　• 사람이나 기계가 움직여 일함

4 주어진 단어를 활용해 한 문장을 써보세요.

> **운반하다**
> 예) 놀이터에 모래를 운반하는 차가 왔어요.

 공사 현장에 시멘트가 부족하지 않으려면 어떻게 해야 할까요?

1,000원짜리 대학교 학식? 힘들어요

제공하다

무엇을 내주다

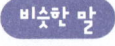 **공급하다**

필요에 따라 물품을 제공하다

 **받다**

다른 사람이 준 물건을 가지다

전국 대학교의 학식(단체급식) 가격이 쉽사리 잡히지 않아 문제가 되고 있어요. 정부는 1,000원에 학식을 제공하겠다고 약속했지만 생각보다 쉽지 않은 상황이에요. 급식업체들은 코로나 기간에 운영을 중단했던 학식 사업장을 다시 늘리지 못하고 있어요.

학식은 돈이 부족한 학생들에게 든든한 식사가 되어줬는데요. 왜 학식 가격이 오르는 걸까요? 재료비뿐만 아니라 학식을 만드는 공간에 대한 월세, 관리비, 요리할 때 쓰는 전기, 가스, 수도료 등이 모두 오르고 있기 때문이에요.

월세를 조금 내려주면 되는 거 아니냐고요? 대학교들은 그건 곤란하다는 입장이에요. 출생률이 저하되면서 대학 입학생 수가 줄고 있기 때문에 학교에 돈이 부족하다고 해요. 이런 상황에서 월세를 줄이긴 어렵대요. 대학교들은 정부를 향해 차라리 세금을 줄여달라고 요구하고 있고, 교육부는 긍정적으로 살펴보겠다고 약속했어요.

1 이 글의 중심 낱말을 괄호에서 찾아 ○표 하세요.

> 대학교 학식이 물가가 (떨어지면서 / 오르면서)
> 1,000원에 (수요 / 제공)하기 어려워져서 문제가 되고 있어요.

2 맞으면 ○, 틀리면 X 하세요.

❶ 학식 가격은 종전과 똑같아요. ( )
❷ 정부는 1,000원에 학식을 제공하고자 노력하고 있어요. ( )
❸ 전기, 가스, 수도료는 점점 떨어지고 있어요. ( )

3 낱말과 어울리는 뜻에 줄을 그어보세요.

대면 • • 지출이 수입보다 많아서 생기는 결손액
중단 • • 정도, 수준, 능률이 떨어져 낮아짐
적자 • • 서로 얼굴을 마주 보고 대함
저하 • • 중도에서 끊어짐

4 주어진 단어를 활용해 한 문장을 써보세요.

> **저하**
> 예) 나이가 들면 신체 기능이 저하됩니다.

1,000원에 학식을 계속 제공하기 위해서는 어떻게 해야 할까요?

50

횡재했으니 세금 내세요!

납부하다

세금을 관계 기관에 내다

 **내다**
돈이나 물건을 바치다

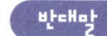 **받다**
다른 사람이 준 물건을 가지다

'횡재했다'라는 말을 들어본 적이 있나요? 횡재했다는 건 뜻밖에 재물을 얻었을 때 하는 말인데요. 앞으로 세금에도 '횡재세'라는 것을 만든다고 해서 논란이 되고 있어요. '횡재세'는 시장 환경이 좋아서 뜻하지 않게 높은 이득을 거뒀을 때 기업이 내는 세금을 말해요.

횡재라는 말 자체에 기업이 특별히 잘했다기보다는 환경이 좋아 얼떨결에 이득을 거뒀다는 의미가 포함되어 있어요. 정부는 이처럼 얼떨결에 이익을 봤으니 그 일부분을 세금으로 내라고 하고 있어요. 횡재세로 거둔 돈은 고통받는 취약계층을 위해 쓰겠다고 약속했어요.

얼핏 들으면 횡재세가 좋은 것 같다고요? 그런데 횡재세에는 논란이 있어요. '기업이 얻은 이익을 법으로 강제 납부하게 하는 것이 맞는가?'라는 점이에요. 이미 기업들은 여러 가지 이유로 세금을 내고 있거든요. 앞으로도 양측의 입장이 팽팽하게 맞서며 논란이 지속될 것 같아요.

1 이 글의 중심 낱말을 괄호에서 찾아 ○표 하세요.

> 시장 환경이 좋아 (의도적으로 / 얼떨결에) 이득을 (거둔 / 수확한) 기업에 횡재세를 내라고 해서 논란이 일고 있어요.

2 맞으면 ○, 틀리면 X 하세요.

① '횡재'는 뜻밖에 거둔 재물이나 이득을 뜻해요. ( )
② 기업은 정부에 세금을 내지 않아요. ( )
③ 횡재세로 거둔 세금을 도로를 만드는 데 사용한대요. ( )

3 낱말과 어울리는 뜻에 줄을 그어보세요.

재물 • • 기대와 예상과는 달리
취약계층 • • 값나가는 모든 물건
팽팽하다 • • 사회적으로 보호가 필요한 계층
뜻밖에 • • 둘의 힘이 서로 엇비슷하다

4 주어진 단어를 활용해 한 문장을 써보세요.

> 얼떨결에
>
> 예) 나는 얼떨결에 서연이가 주는 선물을 받았어요.

 횡재세에 대해 찬성하나요, 반대하나요? 그 이유를 함께 이야기해 보세요.

51

레고랜드에 많이 놀러와 주세요

선방하다

잘 막아내다

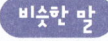 **방어하다**
상대편의 공격을 막다

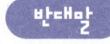 **공격하다**
상대편을 이기기 위해 행동하다

2022년 5월 문을 연 강원 춘천시 레고랜드에 1년 동안 약 100만 명이 방문했대요. 원래 레고랜드는 1년 동안 약 200만 명 정도가 방문할 거라고 기대했어요. 그런데 방문객 숫자가 기대했던 것의 절반 정도밖에 되지 않아서 지역 주민들이 실망하고 있어요. 지역 주민들은 레고랜드를 통해 지역 경제가 활성화하기를 바라고 있었거든요.

레고랜드 측에서는 코로나19로 바깥 활동이 많지 않던 상황 속에서도 100만 명이나 방문한 것은 선방한 거라고 변명했지만, 지역 주민들의 반응은 싸늘해요. 그동안 레고랜드를 위해 지역 주민들이 많이 배려했거든요. 테마파크 부지도 공짜로 빌려주고, 무려 2,100억 원의 세금도 쏟아부었으니까요.

레고랜드 사장은 더 많은 방문객이 놀러 오도록 노력하겠다고 약속했어요. 그러자 사람들은 레고랜드에 무엇보다 너무 비싼 이용료와 주차비를 내리고, 편의시설을 늘릴 것을 요청했어요.

1 이 글의 중심 낱말을 괄호에서 찾아 ○표 하세요.

> 2022년에 문을 연 레고랜드에 지역 주민의 기대에 못 미치는 100만 명이 방문해서 (빈곤 / 빈축)을 (팔 / 사)고 있어요.

2 맞으면 ○, 틀리면 X 하세요.

① 레고랜드는 강원도 평창에 있어요. (   )
② 2022년 5월부터 1년 동안 레고랜드에는 약 100만 명이 방문했어요. (   )
③ 지역 주민들은 레고랜드를 통해 지역 경제 활성화를 기대했어요. (   )

3 낱말과 어울리는 뜻에 줄을 그어보세요.

방문 •　　　　　　• 잘 막아 냄
선방 •　　　　　　• 건물이나 도로를 만들기 위한 땅
부지 •　　　　　　• 이용자에게 편한 조건을 갖춘 시설
편의시설 •　　　　• 사람이나 장소를 찾아가서 봄

4 주어진 단어를 활용해 한 문장을 써보세요.

> 싸늘하다
> 예) 우빈이는 싸늘한 바람에 옷깃을 단단히 여몄어요.

 레고랜드에 사람들이 많이 방문하려면 어떤 부분이 개선돼야 할까요?

AI가 뉴진스 노래를 부르면 저작권료는 누가 받을까요?

침해하다
침범하여 해를 끼치다

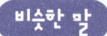 **침범하다**
남의 권리나 재산을 범하다

 **협조하다**
힘을 합하여 조화를 이루다

 유튜브에서 AI가 뉴진스 멤버들의 목소리를 합성해서 음악 영상을 만든다면 그 영상의 권리는 누구에게 있을까요? 요즘 이런 영상들이 늘어나면서 창작물의 저작권과 권리 침해에 대한 논쟁이 치열하게 일어나고 있어요. 현재는 이런 영상을 제작한 경우에 그 영상을 제작한 유튜버가 조회수에 따라 수익금을 받을 수 있어요.

하지만 우리나라에서는 목소리도 개인정보로 보호하고 있어요. 만약 AI가 유명인의 목소리를 무단으로 사용해서 이익을 얻었다면 법적 처벌을 받을 수 있어요. 전 세계적으로 AI가 만든 창작물에 대해서는 그 누구도 저작권을 주장할 수 없어요. 저작권을 주장할 수는 없지만 이익은 얻는 기묘한 상황인 거죠. 앞으로 AI가 만들어내는 창작물에 대해 저작권을 어디까지 인정할 것인지 많은 논의가 필요해요.

1 이 글의 중심 낱말을 괄호에서 찾아 ○표 하세요.

> AI가 만든 (창작물 / 인공물)은 저작권을 주장할 수 없어요.
> 우리나라는 목소리를 개인정보로 보호하고 있어서 (주장 / 주의)해야 해요.

2 맞으면 ○, 틀리면 X 하세요.

❶ 우리나라는 목소리를 개인정보로 보지 않아요. ( )
❷ AI가 만든 창작물은 저작권을 주장할 수 없어요. ( )
❸ AI가 유명인의 노래를 영상으로 제작하면 유튜버가 수익금을 받아요. ( )

3 낱말과 어울리는 뜻에 줄을 그어보세요.

합성 • • 독창적으로 지어낸 예술 작품
창작물 • • 둘 이상의 것을 합쳐서 하나를 이룸
무단 • • 생김새가 이상하고 묘하다
기묘하다 • • 사전에 허락이 없음

4 주어진 단어를 활용해 한 문장을 써보세요.

> 보호하다
>
> 예) 수빈이는 길 잃은 강아지를 집에서 보호하고 있어요.

AI가 만들어낸 창작물에 대해서 저작권을 인정해야 할까요?

53

캐릭터가 돈이 되는 세상

 어휘 풀이

개발하다
새로운 물건을 만들다

 비슷한 말 **제작하다**
재료로 새로운 물건을 만들다

 반대말 **미개발하다**
아직 개발되지 않음

 설명문 읽기

산리오, 포켓몬 등 누구나 좋아하는 캐릭터가 하나쯤은 있을 거예요. 요즘은 인기 있는 캐릭터가 유명 셀럽만큼 많은 돈을 버는 세상이에요. 그러다 보니 회사들도 **홍보**를 위해 자체 캐릭터를 만드는 데 **주력하고** 있어요.

대표적인 캐릭터가 바로 '벨리곰'이에요. 벨리곰은 롯데홈쇼핑이 **개발한** 캐릭터인데요. 이 벨리곰을 보기 위해 롯데월드타워에 무려 325만 명이 방문했어요. 벨리곰의 성공을 본 다른 회사들도 너도나도 자체 캐릭터를 만들어 홍보에 열을 올리고 있지요.

캐릭터로 어떻게 돈을 버냐고요? 캐릭터를 이용한 영상 조회수로 **수익**을 올릴 수도 있고, 굿즈 판매로 돈을 벌 수도 있어요. 캐릭터 시장의 규모는 점점 커지고 있어서 2022년에는 약 20조 원 가까이 시장이 확대됐어요. 앞으로 어떤 캐릭터가 또 탄생하게 될까요?

1 이 글의 중심 낱말을 괄호에서 찾아 ○표 하세요.

> 캐릭터가 돈이 되면서 회사들이 (자체 / 타가) 캐릭터를 만들어 홍보하는 데 (한 / 열)을 올리고 있어요.

2 맞으면 ○, 틀리면 X 하세요.

① 캐릭터로는 돈을 벌기 어려워요. ( )
② 벨리곰을 보기 위해 롯데월드타워에 325만 명이 방문했어요. ( )
③ 캐릭터는 어린이들만 좋아해요. ( )

3 낱말과 어울리는 뜻에 줄을 그어보세요.

홍보하다 •   • 널리 알리다
개발하다 •   • 이익을 거두어들임
수익 •   • 새로운 물건을 만들다
주력하다 •   • 어떤 일에 온 힘을 기울이다

4 주어진 단어를 활용해 한 문장을 써보세요.

> 방문하다
> 예) 찬희는 친구 집에 방문해서 함께 놀았어요.

 인기 많은 캐릭터의 특징으로는 뭐가 있을까요?

54

K-POP 음반이 1억 장이나 팔린다고요?

기록하다
결과의 가장 높은 수준을 보여주다

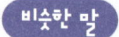 **올리다**
값이나 수치를 이전보다 높이다

 **부진하다**
기세나 힘이 활발하지 않다

2023년에는 가수들마다 음반 최고 기록을 갈아치우고 있어서 화제예요. 여자 그룹 르세라핌은 음반을 125만 장, 에스파는 169만 장을 팔았어요. 남자 그룹의 기록도 어마어마해요. 세븐틴은 455만 장, 스트레이 키즈는 461만 장을 팔았어요. 이 밖에도 많은 가수들이 엄청난 음반 판매량을 기록하고 있어요.

몇몇 가수만 많은 음반을 판 게 아니라 여러 가수가 골고루 많은 음반을 판매하고 있다는 점이 특징적이에요. 이는 음반 시장의 안정적인 성장을 견인하고 있어요. 우리나라의 이러한 상황은 보통 스트리밍 수익이 대부분인 전 세계 음악 시장과는 차별화되는 점이에요.

이렇게 가수들이 많은 음반을 팔 수 있는 비결은 무엇일까요? 바로 팬덤 덕분이에요. K-POP 가수들은 탄탄한 팬덤을 확보하고 있는데 이 팬덤끼리 경쟁하면서 음반 판매에 불이 붙은 거예요.

1 이 글의 중심 낱말을 괄호에서 찾아 ○표 하세요.

> 탄탄한 팬덤을 (기록 / 기반)으로 K-POP 가수들의 음반 판매량이 (고공행진 / 가두행진)하고 있어요.

2 맞으면 ○, 틀리면 X 하세요.

① 전 세계 음악 시장은 스트리밍 수익이 대부분이에요. ( )
② 음반 판매량의 일등 공신은 팬덤이에요. ( )
③ 소수의 특정 가수만 많은 음반 판매량을 기록했어요. ( )

3 낱말과 어울리는 뜻에 줄을 그어보세요.

기록하다 •　　　　• 끌어서 당기다
견인하다 •　　　　• 결과의 가장 높은 수준을 보여주다
비결　　•　　　　• 이야기할 만한 재료나 소재
화제　　•　　　　• 자기만의 뛰어난 방법

4 주어진 단어를 활용해 한 문장을 써보세요.

> 경쟁하다
> 예) 지우는 친구들과 달리기 1등을 두고 경쟁했어요.

 K-POP 가수들의 음반 판매량이 많은 비결은 무엇인가요?

55

자산 68억을 소유하면 서울 부자

거주하다

일정한 곳에 머물러 살다

비슷한 말 **살다**
어느 곳에 거주하다

반대말 **떠나다**
있던 곳에서 다른 곳으로 옮기다

서울에서 부자 소리를 들으려면 어느 정도의 돈을 가지고 있어야 할까요? 소위 '서울 부자'는 어떤 사람인지 분석한 보고서가 발간되었어요. '더 리치 서울'이라는 보고서에는 서울에 살고 있는 30대 이상, 자산 10억 이상을 보유한 사람들의 이야기가 담겨있어요.

서울 부자들은 평균 68억 원의 자산을 가지고 있다고 해요. 이 중 6억은 부채이고, 순자산이 62억이래요. 서울 부자의 2명 중 1명꼴로 강남3구(강남구, 서초구, 송파구)에 거주하고 있어요.

그리고 서울 부자는 평균 3.3개의 부동산을 소유하고 있대요. 전체 자산에서 부동산이 차지하는 비율은 59%로 다른 자산들에 비해 압도적으로 높아요. 자산이 많을수록 부동산 비율이 높아지는 특징도 발견됐어요. 특히 서울 부자들은 100% 자기가 산 집에 살고 있대요. 모두 내 집 마련을 한 셈이죠. 그리고 사회에 도움이 되는 분야에는 돈을 아끼지 않는 가치소비 성향을 보였다고 해요.

1 이 글의 중심 낱말을 괄호에서 찾아 ○표 하세요.

> 서울 부자들의 특징이 무엇인지 (분석 / 분류)한 보고서가
> (발탁 / 발간)되었어요.

2 맞으면 ○, 틀리면 X 하세요.

❶ 서울 부자들은 평균 68억 원의 순자산을 가지고 있어요. ( )
❷ 전체 자산에서 주식이 가장 높은 비율을 기록하고 있어요. ( )
❸ 서울 부자들은 사회에 도움이 되는 분야에 많은 돈을 쓴대요. ( )

3 낱말과 어울리는 뜻에 줄을 그어보세요.

발간하다 •　　　　• 일정한 곳에 머물러 살다
보유하다 •　　　　• 책, 신문, 잡지를 만들어 내다
차지하다 •　　　　• 가지고 있거나 간직하고 있다
거주하다 •　　　　• 사물이나 공간을 자기 몫으로 가지다

4 주어진 단어를 활용해 한 문장을 써보세요.

> 기록하다
>
> 예) 호은이는 이번 시험에서 가장 높은 점수를 기록했어요.

 서울 부자들이 사회에 도움이 되는 분야에 돈을 아끼지 않는 까닭은 무엇일까요?

56 편의점은 앞으로도 친환경 모드!

금지하다

법으로 어떤 행위를 못 하게 하다

 **제재하다**
규칙 위반에 대하여 제한하다

 **허용하다**
허락하여 너그럽게 받아들이다

환경부에서 편의점의 플라스틱 빨대와 비닐봉투 사용을 금지했다가 다시 사용해도 된다고 말을 바꿨어요. 편의점 업계는 고민 끝에 앞으로도 친환경 모드를 유지하기로 했어요.

GS25는 비닐봉투 대신 환경보호 캠페인 메시지가 적혀있는 종이 쇼핑백을 사용하고 있어요. 종이 빨대를 사용하는 것도 그대로예요. 이렇게 되면 연간 플라스틱 빨대 사용량을 2억 개 가까이 줄일 수 있대요. CU도 마찬가지예요. CU도 종이 빨대와 빨대 없는 얼음컵을 사용하고 있어요. 그리고 생분해 봉투 등을 사용하면서 연간 195톤의 플라스틱을 줄였대요. 세븐일레븐도 종이 빨대와 빨대 없는 얼음컵을 사용하고 있어요. 이를 통해 1년에 5,000만 개 이상의 플라스틱 컵 사용량을 줄일 수 있다고 해요.

편의점 회사들은 앞으로도 환경보호를 위해 여러 가지 노력을 하겠다고 약속했어요. 이런 모습은 박수하고 싶네요. 훌륭해요!

1 이 글의 중심 낱말을 괄호에서 찾아 ○표 하세요.

> 편의점 업계는 앞으로도 (탈환경 / 친환경) 정책을
> (유지 / 반대)하기로 결정했대요.

2 맞으면 ○, 틀리면 X 하세요.

❶ 환경부에서는 편의점의 플라스틱 빨대 사용을 계속 금지하고 있어요. ( )
❷ GS25는 비닐봉투 대신 종이 쇼핑백을 사용하고 있어요. ( )
❸ 플라스틱 빨대 대신 종이 빨대를 사용하면 환경보호에 도움이 돼요. ( )

3 낱말과 어울리는 뜻에 줄을 그어보세요.

제재하다 •   • 한 해 동안
금지하다 •   • 규칙 위반에 대하여 제한하다
연간 •   • 법으로 어떤 행위를 못 하게 하다
고민 •   • 마음속으로 괴로워하고 애를 태움

4 주어진 단어를 활용해 한 문장을 써보세요.

> 줄이다
> 예) 시우는 환경보호를 위해 물티슈 사용을 줄이기로 했어요.

 환경을 보호하는 방법에는 또 무엇이 있을까요?

57

가격은 똑같은데
왜 양은 줄어든 것 같지?

항변하다

반대의 뜻을 주장하다

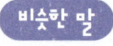 **항론하다**
어떤 주장에 반대하여 논의하다

 **수긍하다**
옳다고 인정하다

요즘 가격은 그대로 유지하면서 제품의 중량을 줄이는 꼼수 가격 인상이 기승을 부리고 있어요. 가격은 그대로 두고 제품 중량을 줄이는 것을 '슈링크플레이션'이라고 하고, 제품의 가격과 중량은 유지하면서 저렴한 재료를 쓰는 것을 '스킴플레이션'이라고 해요. 소비자들을 눈속임하는 슈링크플레이션과 스킴플레이션이 만연하고 있어서 문제예요.

식품 회사들은 나름대로 억울한 면이 있다고 항변하고 있어요. 재료값과 인건비는 올라가는 데 가격을 올리기에는 눈치 보이니 어쩔 수 없는 선택이었다고요. 하지만 항변과 다르게 식품 회사들의 매출액은 오히려 전보다 높아져서 소비자들의 눈총을 샀어요.

정부는 이러한 슈링크플레이션과 스킴플레이션을 단속하기 위해 제품 중량당 가격이 어떻게 변화하는지 표시하는 방안을 고려 중이라고 해요. 가공식품의 경우 '물가(物價) 관리 전담자'를 두어 계속 감시하겠다고까지 했어요.

1 이 글의 중심 낱말을 괄호에서 찾아 ○표 하세요.

> 소비자를 (기만 / 태만)하는 슈링크플레이션과 스킴플레이션이
> (만연 / 만용)하고 있어서 주의가 필요해요.

2 맞으면 ○, 틀리면 X 하세요.

① 가격은 그대로 두고 제품 중량을 줄이는 것을 슈링크플레이션이라고 해요. (   )

② 식품 회사들은 재료값과 인건비가 오르고 있다고 항변했어요. (   )

③ 정부는 슈링크플레이션과 스킴플레이션을 눈감아주고 있어요. (   )

3 낱말과 어울리는 뜻에 줄을 그어보세요.

중량 •   • 일을 해결하여 나갈 방법이나 계획
물가 •   • 나쁜 현상이 널리 퍼지다
만연하다 •   • 물건의 값
방안 •   • 물건의 무거운 정도

4 주어진 단어를 활용해 한 문장을 써보세요.

> **기승을 부리다**
> 예) 여름이 되니 모기가 기승을 부리고 있어요.

 슈링크플레이션과 스킴플레이션을 없애기 위한 좋은 방안으로는 무엇이 있을까요?

58
너도나도 의사의 꿈

선호하다
여럿 가운데서 특별히 좋아하다

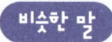 **애호하다**
사랑하고 좋아하다

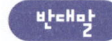 **기피하다**
꺼리거나 싫어하여 피하다

 장래 희망이 의사인가요? 한 교육회사에서 조사했더니 초등학생 4명 중 1명이 의대에 진학하고 싶다고 했대요. 이 결과는 과열되는 '의대 열풍'을 보여주는 거라서 놀라움을 안겨주고 있어요.

실제로 초등학생 때부터 의대에 진학하기 위해 학원에 다니는 어린이들이 많다고 하는데요. 학원가로 유명한 대치동이나 목동에 가면 '초등 의대 준비반'이라고 적힌 학원이 꽤 많이 보인대요. 상황이 이렇다 보니 사교육에 들어가는 비용도 점점 늘어나고 있어요. 특히 올해는 중·고등학생보다 초등학생의 사교육비 상승률이 가장 높았대요. 이렇게 초등학생들 사이에서 의대 열풍이 부는 것은 사회적으로 의대를 선호하는 분위기 때문이에요.

하지만 의대에만 관심이 쏠리는 것은 다양한 학문이 발전하는 걸 저해하고, 학생들의 공부 의지를 떨어뜨릴 수 있어서 각별한 주의가 필요해요.

1 이 글의 중심 낱말을 괄호에서 찾아 ○표 하세요.

> 사회 전반에 의대 (한풍 / 열풍)이 불면서
> 의대에 (진학 / 유학)하길 원하는 어린이들이 늘고 있어요.

2 맞으면 ○, 틀리면 X 하세요.

❶ 사회적으로 의대를 선호하는 분위기가 형성되었어요.   (   )

❷ 초등학생 4명 중 1명이 과학자가 되고 싶어 해요.   (   )

❸ 의대 선호 분위기와 사교육 비용은 전혀 관련이 없어요.   (   )

3 낱말과 어울리는 뜻에 줄을 그어보세요.

진학 •　　　　　• 여럿 가운데서 특별히 좋아하다

열풍 •　　　　　• 매우 세차게 일어나는 기운

선호하다 •　　　　• 일에 대한 마음가짐이 특별하다

각별하다 •　　　　• 상급 학교에 감

4 주어진 단어를 활용해 한 문장을 써보세요.

> 과열
>
> 예) 경쟁이 과열되는 것을 막기 위해 심판은 경기를 잠시 중단시켰어요.

 초등학생의 의대 진학 열풍에 주의가 필요한 까닭은 무엇일까요?

식을 줄 모르는 K라면의 인기

유행하다
특정한 행동 양식이 널리 퍼지다

 **성행하다**
매우 성하게 유행하다

 **쇠퇴하다**
기세가 쇠하여 전보다 못하다

2023년은 라면이 출시된 지 60주년 되는 해였어요. 우리나라 라면이 해외에서도 많은 인기를 끌면서 2023년에는 라면 수출액이 사상 처음 1조 원을 넘었대요. 해외 라면 수출액은 매년 최고 기록을 경신하고 있어요. 해외에서도 라면이 많이 팔리자 라면 회사들은 미국과 중국 등의 현지 공장에서 직접 라면을 만들어 팔고 있어요.

해외에서 라면의 인기가 이렇게 높아진 이유는 무엇일까요? 코로나가 기승을 부릴 때 간편하게 먹기 좋은 식품으로 관심을 받은 데다, 한류 콘텐츠가 유행하면서 라면이 K푸드의 대표주자로 떠오른 거예요. 2019년 칸 영화제에서 상을 받은 영화 〈기생충〉에는 짜파구리(짜파게티+너구리)가 나오기도 했고요. 글로벌 인기 가수 방탄소년단(BTS)의 멤버 지민은 불닭볶음면 먹는 모습을 SNS에 올리기도 했어요. 무엇보다 외국에는 흔치 않은 매운맛과 저렴한 가격, 쉬운 조리법 등도 라면의 인기에 한몫했어요.

1 이 글의 중심 낱말을 괄호에서 찾아 ○표 하세요.

> 라면의 인기가 해외에서도 높아지면서 2023년 라면 (수입액 / 수출액)이 사상 최고액을 (경신 / 경사)했어요.

2 맞으면 ○, 틀리면 X 하세요.

① 2023년은 라면이 출시된 지 60주년이 되는 해예요. ( )
② 2023년 라면 수출액이 사상 처음 1조 원을 넘었어요. ( )
③ 해외에서 라면의 인기는 한류 콘텐츠와 아무 상관이 없어요. ( )

3 낱말과 어울리는 뜻에 줄을 그어보세요.

경신 • • 일을 실제 진행하거나 작업하는 그곳
출시 • • 기세가 쇠하여 전보다 못함
현지 • • 상품을 시중에 내보내다
쇠퇴하다 • • 어떤 분야의 종전 최고치를 깨뜨림

4 주어진 단어를 활용해 한 문장을 써보세요.

> **간편하다**
> 예) 편의점에서 간편하게 먹기 좋은 도시락이 인기를 얻고 있어요.

 라면이 해외에서도 인기가 많은 이유는 무엇일까요?

자, 다들 AI 교과서 펴세요

정착하다
새로운 문화가 사회에 받아들여지다

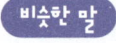 **뿌리내리다**
어떤 현상의 바탕이 이루어지다

 **표류하다**
목적이나 방향을 잃고 헤매다

　AI 교과서는 말 그대로 인공지능(AI)을 활용한 교과서를 말해요. 태블릿 PC에 교육과정과 관련된 여러 프로그램이 깔려 있어요. AI가 문제를 풀어주기도 하고, 수업 자료도 제공해줘요.

　교육부는 2025년부터 초등학교에 수학, 영어 수업 때 AI 교과서를 도입하겠다고 발표했어요. AI 교과서를 도입하면 학생들은 주도적으로 자기 수준에 맞는 학습을 할 수 있고, 선생님은 학생 개개인에 맞춰 다양한 수업 방법을 시도해 볼 수 있다고 해요.

　하지만 AI 교과서에 대한 걱정들도 많아요. 우선 국내에서 처음 시도되는 거라서 AI 교과서가 교실에 잘 정착할 수 있을지 미지수고요. AI 교과서를 어떻게 잘 활용할 수 있을지 사용법도 제대로 공개되어 있지 않아서 아이들 간의 학습 격차가 벌어질 우려도 있어요. 과연 AI 교과서가 학교에 뿌리를 잘 내릴 수 있을까요?

1 이 글의 중심 낱말을 괄호에서 찾아 ○표 하세요.

> 2025년부터 초등학교에서 수학, 영어 수업할 때 AI 교과서를 (활용 / 만용)해 수업을 (진행 / 파행)할 예정이에요.

2 맞으면 ○, 틀리면 X 하세요.

❶ AI 교과서는 태블릿 PC에 교육과정과 관련된 프로그램이 깔려있어요. (   )
❷ 2025년부터 음악, 미술 수업을 할 때 AI 교과서를 사용할 예정이에요. (   )
❸ 우리나라는 AI 교과서를 오래전부터 사용해 왔어요. (   )

3 낱말과 어울리는 뜻에 줄을 그어보세요.

미지수 •   • 기술, 방법을 끌어 들이다
표류하다 •   • 목적이나 방향을 잃고 헤매다
격차 •   • 예측할 수 없는 앞일
도입하다 •   • 빈부, 임금 등이 서로 벌어진 정도

4 주어진 단어를 활용해 한 문장을 써보세요.

> 주도적
>
> 예) 공부를 잘하기 위해서는 자기 주도적 학습을 하는 것이 중요해요.

 AI 교과서를 도입하면 어떠한 장점과 단점이 있을까요?

가로세로 낱말 퍼즐

가로 열쇠
1. 몸을 움직여 일을 함
4. 지지하여 도움. 물심양면으로 ○○하다
6. 밖으로 흘러 나감. 기름 ○○
8. 공연하기 위해 무대에 나감
9. 시험 문제 ○○. 사건의 원인에 대한 ○○
11. 국회의원을 선출하는 선거
12. 계산하여 얻은 값

세로 열쇠
1. 맡은 바 구실. 사람 ○○
2. 기계가 움직여 일함. 공장 ○○
3. 건물이나 도로를 만들기 위한 땅
5. 한글은 우리나라 ○○의 언어
7. 물건을 내다 파는 일. ○○이 올랐다
9. 교육 ○○, 경제 ○○, 예술 ○○
10. 잘못된 것을 고쳐 더 좋게 만듦
12. 이익을 거두어들임

4장

세계 뉴스 문해력왕

61

부글부글 언제 분화할지 모르는 일본 후지산

분출하다
액체가 솟구쳐서 뿜어져 나오다

비슷한 말 **뿜어내다**
속에 있는 것을 밖으로 나오게 하다

반대말 **흡수하다**
빨아서 거두어들이다

일본의 후지산은 도쿄에서 서쪽으로 100km가량 떨어진 곳에 있는데, 높이가 무려 해발 3,776m에 달한다고 해요. 그런데 이 후지산이 대규모 화산 폭발 우려가 있어서 많은 사람들이 걱정하고 있어요. 후지산이 폭발하게 되면 도쿄와 주변 지역은 엄청난 피해를 보게 될 거예요. 후지산이 폭발하는 순간 어마어마한 양의 화산재가 발생하거든요. 이 화산재가 도쿄와 주변 지역을 모조리 덮어버리고, 두껍게 쌓인 화산재로 인해 집이 무너질 수도 있어요.

전문가가 예상해보니 후지산이 폭발하면 약 2,670만 명이 피난을 가야 한대요. 이는 일본 수도권 인구의 60%에 해당할 정도로 많은 인원이에요.

후지산이 폭발할 확률은 어느 정도일까요? 후지산은 300년 전 화산이 폭발한 이후로 한 번도 분화한 적이 없어요. 그래서 후지산 안에는 아직 분출되지 못한 마그마와 가스가 부글부글 가득 차 있어 언제든 분화할 수 있는 상황이에요.

1 이 글의 중심 낱말을 괄호에서 찾아 ○표 하세요.

> (오사카 / 도쿄)에서 100km가량 떨어진 곳에 있는 후지산이
> (대규모 / 소규모) 화산 폭발 우려가 있어서 많은 사람들이 걱정하고 있어요.

2 맞으면 ○, 틀리면 X 하세요.

❶ 후지산은 도쿄에서 동쪽으로 100km가량 떨어진 곳에 있어요. ( )
❷ 후지산의 화산이 폭발해도 주변에는 큰 영향이 없다고 해요. ( )
❸ 후지산은 언제든 분화할 수 있는 상황이에요. ( )

3 낱말과 어울리는 뜻에 줄을 그어보세요.

분화하다 • • 수도를 중심으로 이루어진 대도시권
해발 • • 해수면으로부터 잰 산의 높이
수도권 • • 화산성 물질이 방출되다
마그마 • • 암석이 지열로 녹아 반액체로 된 물질

4 주어진 단어를 활용해 한 문장을 써보세요.

> 무너지다
> 예) 산사태가 나는 바람에 우진이네 집이 무너지고 말았어요.

 후지산의 화산이 폭발하면 어떠한 문제가 발생하나요?

62

사우디에서 첫 여성 우주인이 탄생했어요

허용하다
허락하여 너그럽게 받아들이다

 **허가하다**
행동이나 일을 하도록 허용하다

 **금지하다**
법으로 어떤 행위를 금하다

 전 세계에서 여성의 권리를 가장 많이 제한하는 나라 중 하나인 사우디아라비아. 이런 사회적 분위기를 가진 사우디아라비아에서 첫 여성 우주인이 탄생해서 화제가 되고 있어요. 그 주인공은 바로 줄기세포 연구원 라이야나 바르나위예요. 그녀는 우주 관련 회사 '액시엄스페이스'의 우주비행 프로젝트에서 사우디 최초 여성 우주인으로 선발되었어요.

바르나위는 "모두를 위한 꿈이 실현되는 순간"이라며 소감을 밝혔어요. 사실 사우디에서는 몇 년 전까지만 해도 여성의 자동차 운전마저 금지하는 분위기였거든요. 이런 나라에서 여성이 우주인으로 선발되었다는 것은 큰 의미가 있어요.

바르나위는 '크루 드래건'이라는 우주선에 타서 우주에 간 뒤 8일 동안 20여 가지의 과학 실험을 하고 돌아올 예정이에요. 사우디에도 변화의 바람이 부는 걸까요? 사우디는 이제 여성의 권리를 조금씩 허용하고 있어요. 앞으로도 사우디 여성들에게 많은 기회의 문이 열리면 좋겠네요.

1 이 글의 중심 낱말을 괄호에서 찾아 ○표 하세요.

> (인도네시아 / 사우디아라비아)에서 최초 (여성 / 흑인) 우주인이 선발되어 화제가 되었어요.

2 맞으면 ○, 틀리면 X 하세요.

❶ 사우디는 여성의 권리가 제한되는 나라 중 하나예요. ( )
❷ 라이야나 바르나위는 사우디에서 줄기세포 연구원으로 일하고 있어요. ( )
❸ 몇 년 전에도 사우디에서는 여성이 자동차 운전을 할 수 있었어요. ( )

3 낱말과 어울리는 뜻에 줄을 그어보세요.

제한하다 •　　　　• 마음에 느낀 바
권리 •　　　　• 많은 가운데서 골라 뽑다
선발하다 •　　　　• 당연히 요구할 수 있는 자격
소감 •　　　　• 일정한 한도를 넘지 못하게 막다

4 주어진 단어를 활용해 한 문장을 써보세요.

> 금지하다
> 예) 도서관에서 큰소리로 떠드는 것은 금지되어 있어요.

 사우디아라비아에서 최초의 여성 우주인이 탄생한 것이 화제가 된 이유는 무엇인가요?

63

미국 추수감사절에 먹는 칠면조를 거부하는 사람들

지향하다

어떤 목표로 뜻이 향하다

 **목표하다**

목적을 이루려고 지향하다

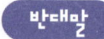 **지양하다**

높은 단계로 가기 위해 하지 않다

추수감사절은 우리나라의 추석과 비슷한 미국의 <u>명절</u>이에요. 미국인들은 이날 전통적으로 칠면조를 먹으면서 한 해 동안 <u>감사</u>했던 마음을 떠올리고, 앞으로도 풍요로운 삶이 계속되기를 기원해요.

그러나 이날은 칠면조에게는 자신이 죽는 슬픈 날일 거예요. 미국에서는 칠면조뿐만 아니라 고기는 아무것도 먹지 않는 <u>채식주의자</u>, 비건(Vegan)을 <u>지향하는</u> 사람들이 있어요. 비건들은 각자의 방식으로 추수감사절을 보내요. 간단한 파티를 열어 자신만의 채식 조리법을 나누기도 하고, 환경보호에 대해 이야기를 나누기도 해요. 미국에는 이러한 비건을 지향하는 사람들이 최소 300만 명이 넘는대요.

사람마다 비건이 된 이유는 다양해요. 반려동물을 키우면서 고기를 먹지 않게 되었거나, 환경보호를 위해 비건이 되었다는 사람도 있어요. 사람마다 삶의 형태가 다양하다는 사실을 알 수 있지요.

1 이 글의 중심 낱말을 괄호에서 찾아 ○표 하세요.

> 미국의 채식주의자들은 (추석 / 추수감사절)에 칠면조를 (먹지 않고 / 먹고) 각자의 방식으로 시간을 보내요.

2 맞으면 ○, 틀리면 X 하세요.

① 미국의 추수감사절은 우리나라의 설날과 비슷해요. ( )

② 미국인들은 추수감사절에 전통적으로 칠면조를 먹어요. ( )

③ 채식주의자가 된 이유는 모두 똑같아요. ( )

3 낱말과 어울리는 뜻에 줄을 그어보세요.

채식 • • 고맙게 여기는 마음

명절 • • 높은 단계로 가기 위해 하지 않다

지양하다 • • 고기류를 피하고 식물성 음식만 먹음

감사 • • 설날, 추석 같이 해마다 기념하는 날

4 주어진 단어를 활용해 한 문장을 써보세요.

> 공감하다
>
> 예) 가은이는 시험을 못 봐서 속상한 세윤이의 마음에 공감했어요.

 미국의 채식주의자들은 추수감사절에 왜 칠면조를 먹지 않나요?

64

인도에서 인공 비를 내리려고 한대요

해소하다

어려운 일을 해결하여 없애 버리다

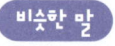 **소멸하다**

사라져 없어지다

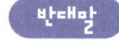 **발생하다**

어떤 일이나 사물이 생겨나다

'스모그'는 대기 오염으로 공기가 뿌옇게 되는 현상이에요. 건강에 치명적인 악영향을 끼치는 스모그가 인도의 수도 뉴델리에 며칠째 가시지 않아 골머리를 앓고 있어요. 인도 정부는 스모그에 대한 하나의 대책으로 인공 비를 내리려고 준비하고 있어요.

인공 비는 비가 내릴 수 있게 '씨앗' 역할을 하는 물질을 하늘에 뿌리는 거예요. 그러면 씨앗 역할을 하는 입자에 구름 속 수분이 달라붙어 비가 내리게 돼요.

사실 인공 비를 내리게 하는 것은 쉽지 않은 결정이에요. 스모그가 너무 심해서 어쩔 수 없지만, 인공 비가 환경에 악영향을 끼칠 수도 있고, 비용도 많이 들기 때문이지요.

인공 비를 내리게 하면 대기 오염이 완전히 사라질 수 있냐고요? 사실 인공 비를 내려도 대기 오염을 100% 해소할 수는 없어요. 장기적으로 대기 오염을 줄이기 위한 대책들이 필요한 이유예요.

1 이 글의 중심 낱말을 괄호에서 찾아 ○표 하세요.

> 인도의 수도 뉴델리는 심한 (대기 오염 / 수질 오염)으로 인해 스모그가 (발생 / 소멸)되지 않아 인공 비를 내리려고 하고 있어요.

2 맞으면 ○, 틀리면 X 하세요.

❶ 인공 비는 하늘에서 비가 내릴 수 있게 뿌리 역할을 하는 물질을 뿌리는 거예요. (   )

❷ 스모그는 대기 오염으로 인해 공기가 뿌옇게 되는 현상을 뜻해요.   (   )

❸ 인공 비를 내리게 하면 대기 오염이 완전히 사라져요.   (   )

3 낱말과 어울리는 뜻에 줄을 그어보세요.

악영향 •   • 마땅히 해야 할 직책이나 임무

골머리를 앓다 •   • 머리가 아플 정도로 몰두하다

입자 •   • 나쁜 영향

역할 •   • 물질을 구성하는 미세한 크기의 물체

4 주어진 단어를 활용해 한 문장을 써보세요.

> **뿌리다**
> 예) 우빈이는 새싹이 잘 자라라고 물을 뿌렸어요.

 대기 오염을 줄이기 위해서는 어떻게 해야 할까요?

65

무시무시한 AI 무기

통제하다
방침에 따라 행위를 제한하다

 **감독하다**
일이 잘못되지 않도록 단속하다

 **방임하다**
간섭하지 않고 내버려 두다

앞으로 전쟁에서 AI 무기가 등장할 수 있다고 해서 논란이에요. AI 무기는 이미 개발되었지만 국제사회에서는 규제 법안을 만들지 못해 일일이 감시하지 못하고 있어요. 현재 AI 무기로는 드론이 유력해요. 드론은 실제로 우크라이나와 중동 전쟁에서 사용되고 있어요. 지금은 드론을 인간이 조종하고 있는데 앞으로는 드론이 스스로 적을 찾아 공격하는 시스템이 개발될 것으로 보여요.

이렇게 무기에 AI 기능을 접목하면 큰 문제가 될 수 있어요. 인간의 조종이 아니라 기계 스스로 적에게 공격을 가하기 시작하면 통제가 안 될 수도 있거든요. 이런 AI 무기에 대한 규제를 더욱 강력하게 만들어야 한다는 목소리가 국제사회에 높아지고 있어요. 하지만 미국처럼 AI 무기가 필요하다고 주장하는 나라들도 있어요. 유엔에서는 앞으로 AI 무기를 어떻게 할 것인지 계속 논의하겠다고 했어요.

1 이 글의 중심 낱말을 괄호에서 찾아 ○표 하세요.

> AI 무기의 등장을 두고 (다문화 사회 / 국제사회)의
> 찬반 논란이 (거세지고 / 약해지고) 있어요.

2 맞으면 ○, 틀리면 X 하세요.

① AI 무기는 아직 개발되지 않았어요.   (   )

② 현재 AI 무기로 유력한 것은 드론이에요.   (   )

③ 미국은 AI 무기를 전쟁에서 사용하지 않기로 했어요.   (   )

3 낱말과 어울리는 뜻에 줄을 그어보세요.

감시하다 •   • 다른 현상을 알맞게 조화하게 하다

조종하다 •   • 기계를 다루어 부리다

접목하다 •   • 단속하기 위하여 주의 깊게 살피다

규제 •   • 규정에 의해 일정한 한도를 못 넘게 막음

4 주어진 단어를 활용해 한 문장을 써보세요.

> **가하다**
> 예) 강아지는 고양이한테 공격을 가하기 시작했어요.

 전쟁에서 AI 무기가 사용되면 어떠한 일이 벌어질까요?

66

점점 더 커지는 땅이 있어요

분화하다
화산성 물질이 방출되다

 **분출하다**
액체나 기체가 솟구쳐서 뿜어져 나오다

 **휴면하다**
쉬면서 활동을 거의 하지 않다

태평양에 있는 작은 섬 니시노시마는 화산이 계속 **분화**해서 땅의 크기가 14배나 넓어졌대요. 처음부터 니시노시마 섬이 이렇게 컸던 것은 아니에요. 10년 전 바다에서 화산이 **폭발해** 섬 옆에 또 다른 200m의 작은 섬이 생겨났대요. 그런데 그 이후로도 섬에서 화산이 계속 분화했고, 그 과정에서 흘러나온 **용암**이 딱딱하게 굳어 땅이 넓어졌고 마침내 니시노시마 섬과 합쳐졌어요. 이렇게 해서 넓어진 니시노시마 섬의 **면적**은 약 4㎢예요.

니시노시마 섬에서는 지금도 화산 활동이 계속되고 있어요. 화산 폭발로 땅 크기가 커진 것은 니시노시마뿐만이 아니에요. 니시노시마에서 더 남쪽에 있는 이오지마라는 섬에서도 주변 바다에 화산 분화가 일어나 100m 정도의 섬이 생겼어요. 그 근방은 화산 활동이 매우 **활발해서** 앞으로도 또 다른 섬이 생길 가능성이 크다고 해요.

1 이 글의 중심 낱말을 괄호에서 찾아 ○표 하세요.

> 니시노시마 섬이 화산 분화로 인해
> 점점 (영토 / 바다)가 (작아지고 / 커지고) 있어요.

2 맞으면 ○, 틀리면 X 하세요.

① 니시노시마는 지중해에 있는 작은 섬이에요. ( )

② 니시노시마 섬은 처음에 생겨날 때부터 매우 큰 섬이었어요. ( )

③ 니시노시마 섬에서는 지금도 화산 활동이 계속되고 있어요. ( )

3 낱말과 어울리는 뜻에 줄을 그어보세요.

면적 · · 화산의 분화구에서 분출된 마그마

활발하다 · · 열기가 갑작스럽게 퍼지다

폭발하다 · · 생기 있고 힘차며 시원스럽다

용암 · · 면의 넓이

4 주어진 단어를 활용해 한 문장을 써보세요.

> 뒤덮다
> 예) 오랫동안 청소를 하지 않았더니 방이 먼지로 뒤덮였어요.

 일본 주변에 있는 섬들의 땅 크기가 점점 더 커지는 이유는 무엇인가요?

67

외국 사람들이 식비를 아끼려고 라면을 먹고 있대요

소비하다

돈을 써서 없애다

 **구매하다**

물건을 사들이다

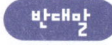 **불매하다**

상품을 사지 않다

전 세계적으로 물가가 엄청나게 오르면서 사람들이 **식비**를 아끼게 되었어요. 그러면서 상대적으로 가격이 저렴한 라면의 인기도 올라갔어요. 라면을 별로 먹지 않던 나라에서도 식비를 아끼기 위해 라면을 많이 먹기 시작한 거예요.

세계라면협회에서 조사한 결과 2022년에 전 세계에서 **소비한** 라면은 1,212억 분이었대요. 2021년에 1,181억 분이 팔린 것과 비교하면 증가한 **수치**예요. 국수 종류를 거의 먹지 않던 나라에서까지 라면을 소비하기 시작했다는 사실이 이를 뒷받침하고 있어요. 대표적인 나라가 바로 인도예요. 인도는 국수류를 별로 먹지 않는 나라인데 2022년에는 라면을 세계에서 네 번째로 많이 먹었어요. 멕시코도 라면을 먹지 않는 나라였는데 코로나 팬데믹으로 **격리** 생활을 하며 라면을 처음 접한 사람들이 라면을 계속 찾아 먹기 시작하면서 소비량이 늘어났어요. 우리나라도 2022년보다 2023년에 라면 소비량이 증가했어요.

1 이 글의 중심 낱말을 괄호에서 찾아 ○표 하세요.

> 물가 (하락 / 상승)과 코로나19의 영향으로 전 세계 사람들의 라면 소비량이 (줄어들었어요 / 늘어났어요).

2 맞으면 ○, 틀리면 X 하세요.

❶ 라면은 상대적으로 가격이 비싼 편이에요. (   )
❷ 2022년에 전 세계에서 소비된 라면은 1,212억 분이었어요. (   )
❸ 인도는 2022년에 라면을 세계에서 두 번째로 많이 먹었어요. (   )

3 낱말과 어울리는 뜻에 줄을 그어보세요.

격리 • • 먹는 데 드는 돈
식비 • • 통하지 못하게 사이를 막음
소비하다 • • 계산하여 얻은 값
수치 • • 돈을 써서 없애다

4 주어진 단어를 활용해 한 문장을 써보세요.

> 격리하다
> 예) 수능 시험을 볼 때 독감에 걸린 학생은 따로 격리했어요.

 전 세계적으로 라면 소비량이 왜 증가했나요?

68

동전 앞면이 나오면 당신이 시장이에요

취임하다
맡은 자리에 처음으로 나아가다

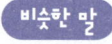 **신임하다**
새로 임명되거나 새로 취임하다

 **이임하다**
일을 내놓고 그 자리를 떠나다

 미국의 작은 도시에서 시장을 뽑는 데 동전 던지기를 해서 화제예요. 미국 노스캐롤라이나주의 먼로시에서는 로버트 번스(40)와 밥 야나체크(53)가 후보로 나왔는데, 둘 다 970표로 같은 수의 표를 얻자 동전 던지기를 해서 시장을 정하기로 했어요.

이렇게 동전 던지기로 시장을 정할 수 있는 건 노스캐롤라이나주 투표 규정에 '투표자가 5,000명 이하인 경우 후보들의 득표수가 같을 때 무작위 선택 방법에 따라 승자를 정한다'라는 규정이 있기 때문이에요.

이런 규정에 따라 번스 후보는 동전 뒷면, 야나체크 후보는 동전 앞면을 골랐어요. 결과는 어떻게 되었을까요? 동전은 한참 굴러가다가 뒷면이 보이도록 멈췄다고 해요. 번스 후보가 승리한 거예요. 번스가 승리함에 따라 먼로시의 시장으로 취임하게 되었어요. 미국에서 동전 던지기와 같은 방법으로 선거 승패를 결정한 것은 이번이 처음이 아니에요.

1 이 글의 중심 낱말을 괄호에서 찾아 ○표 하세요.

> 미국의 한 작은 도시에서 (동전 던지기 / 소원 빌기)를 이용해
> (시장 / 대통령)을 뽑았어요.

2 맞으면 ○, 틀리면 X 하세요.

❶ 미국 노스캐롤라이나주의 먼로시에서는 동전 던지기로 시장을 뽑았어요. (   )
❷ 번스 후보는 동전 앞면, 야나체크 후보는 동전 뒷면을 골랐어요. (   )
❸ 동전 던지기에서 야나체크 후보가 승리했어요. (   )

3 낱말과 어울리는 뜻에 줄을 그어보세요.

승자 •   • 행동이나 태도를 분명하게 정하다
무작위 •   • 투표에서 찬성표를 얻다
결정하다 •   • 싸움이나 경기에서 이긴 사람이나 단체
득표하다 •   • 모든 일이 동등한 확률로 발생하게 함

4 주어진 단어를 활용해 한 문장을 써보세요.

> 결정하다
>
> 예) 시혁이네 가족은 앞으로 집안일을 골고루 나눠서 하기로 결정했어요.

 먼로시에서 동전 던지기로 시장을 정할 수 있었던 이유는 무엇인가요?

사우디아라비아가 스포츠계에서도 부자가 됐어요

탈바꿈하다
원래의 모양이나 형태를 바꾸다

 **세탁하다**
자금, 경력을 정당한 것처럼 탈바꿈하다

 **고정하다**
한번 정한 대로 변경하지 아니하다

'오일 머니(Oil money)'라는 말을 들어본 적 있나요? 석유를 팔아 번 돈을 오일 머니라고 하는데요. 오일 머니로 천문학적인 돈을 번 대표적인 국가가 바로 사우디아라비아예요. 사우디아라비아는 오일 머니를 이용해 스포츠를 포함한 여러 분야에서 영향력을 확대하고 있어요.

사우디아라비아가 이렇게 많은 돈을 써가며 이름을 떨치려고 하는 이유는 크게 두 가지예요. 중동의 힘을 과시하기 위함도 있고, 인권이 낮은 국가라는 이미지를 <u>탈바꿈하기</u> 위함도 있어요. 최근 사우디는 세계 1위 종합격투기 단체인 UFC와 경쟁하기 위해 벨라토르라는 격투기 단체를 인수했어요. 이는 경쟁자인 UFC 입장에서는 큰 <u>위협이에요</u>.

종합격투기뿐만이 아니에요. 사우디는 대형 스포츠 행사를 <u>개최할</u> 수 있는 <u>유치권도 독점</u>해 나가고 있어요. 과연 사우디아라비아의 어마어마한 <u>자본력</u>의 끝은 어디까지일까요?

1 이 글의 중심 낱말을 괄호에서 찾아 ○표 하세요.

> 사우디아라비아는 (석유 / 가스)를 팔아 번 막대한 돈을 이용해
> 스포츠를 포함한 여러 분야에서 영향력을 (축소 / 확대)하고 있어요.

2 맞으면 ○, 틀리면 X 하세요.

❶ 사우디아라비아는 동남아의 힘을 과시하려고 해요.　　　　(　　)

❷ 석유를 팔아 번 돈을 오일 머니라고 해요.　　　　　　　　(　　)

❸ 벨라토르는 UFC의 경쟁 단체예요.　　　　　　　　　　　(　　)

3 낱말과 어울리는 뜻에 줄을 그어보세요.

자본력　　•　　　　　• 돈을 갖추고 있는 능력

독점하다　•　　　　　• 힘으로 으르고 협박함

유치하다　•　　　　　• 행사나 사업을 이끌어 들이다

위협　　　•　　　　　• 혼자서 모두 차지하다

4 주어진 단어를 활용해 한 문장을 써보세요.

> 개최하다
>
> 예) 대한민국은 2002년에 월드컵을 개최했어요.

 사우디아라비아가 많은 돈을 써가며 영향력을 확대하려고 하는 이유는 무엇인가요?

김밥이 세계적인 인기를 끌고 있어요

상승하다

낮은 데서 위로 올라가다

 **오르다**

값이나 수치가 이전보다 높아지다

 **하강하다**

높은 곳에서 아래로 내려오다

세계에서 김밥의 인기가 날로 상승하고 있어요. 미국의 대형 마트에서는 냉동 김밥을 팔았는데, 유명 틱톡커가 김밥을 사서 먹는 영상이 폭발적인 조회수를 기록하면서 김밥이 날개 돋친 듯 팔리기 시작했어요. 미국에 들여온 250톤의 김밥이 모두 팔렸고, 틱톡에서는 냉동 김밥을 맛있게 먹는 영상이 끊임없이 올라오고 있어요.

김밥의 인기는 일본에서도 이어지고 있어요. '긴파' 또는 우리나라 이름 그대로 '김밥'이라고 이름 붙여 많은 일본인들의 사랑을 받고 있어요. 사실 불과 몇 년 전까지만 해도 김밥은 제 이름으로 불리지 못했어요. 일본 스시처럼 '코리안 스시'라고 불리거나 '캘리포니아롤'로 불렸어요. 하지만 이제 김밥은 원래 이름 그대로 '김밥'으로 불리거나 '긴파'로 불리며 우리나라 김밥의 우수성을 세계에 알리고 있어요. 김밥의 인기 비결은 맛도 맛이지만 다양한 영양소가 골고루 들어가 있다는 점이 한몫해요.

1 이 글의 중심 낱말을 괄호에서 찾아 ○표 하세요.

> 세계에서 김밥이 (원래 이름대로 / 한자로) '김밥' 또는 '긴파'로 불리며 인기가 (상승 / 하락)하고 있어요.

2 맞으면 ○, 틀리면 X 하세요.

① 미국의 대형 마트에서는 냉동 김밥을 팔지 않아요.　　　　　　(　)

② 김밥의 인기는 미국에 이어 일본에서도 이어지고 있어요.　　　(　)

③ 김밥은 다른 나라에서 몇 년 전부터 김밥이라고 불렸어요.　　(　)

3 낱말과 어울리는 뜻에 줄을 그어보세요.

냉동　　　　　•　　　　　• 높은 곳에서 아래로 내려오다

우수하다　　•　　　　　• 영양분이 있는 물질

하강하다　　•　　　　　• 신선하게 보관하기 위해 얼림

영양소　　　•　　　　　• 여럿 가운데 뛰어나다

4 주어진 단어를 활용해 한 문장을 써보세요.

> **이어지다**
> 예) 호은이의 떡볶이 사랑은 여섯 살 때부터 쭉 이어지고 있어요.

세계에서 김밥의 인기가 날로 상승하고 있는 까닭은 무엇인가요?

71

앞으로 베네치아에 놀러 오려면 7,000원 내세요

당일
일이 있는 바로 그날

 **즉일**
일이 있는 바로 그날

 **익일**
어느 날 뒤에 오는 날

 2024년 4월부터 7월까지 주말에 이탈리아 베네치아에 방문하는 당일 관광객들은 약 7,000원의 입장료를 내야 한대요. 당일 관광객이라고 함은 오전 8시 30분부터 오후 4시까지 숙박 예약을 하지 않고 방문하는 사람들을 뜻해요. 베네치아 주민이나 어린이, 일 때문에 방문하는 사람 등은 예외예요.

베네치아는 왜 이런 법안을 통과시킨 걸까요? 베네치아에 너무 많은 사람들이 찾아오기 때문이에요. 베네치아는 아름다운 도시 경관(景觀)으로 유명한데 기후 변화와 관광객들로 인해 도시가 망가지고 있다고 해요.

이런 위험으로 인해 유네스코는 베네치아를 세계유산 위험 목록에 올릴 것을 권고하기까지 했어요. 베네치아의 인구는 5만 명에 불과하지만 2022년에 베네치아에 찾아온 관광객은 320만 명이었어요. 베네치아에서는 도시 여러 곳에 검문소를 설치하고 입장료를 받겠다고 했어요.

1 이 글의 중심 낱말을 괄호에서 찾아 ◯표 하세요.

> 베네치아에서는 너무 많은 관광객을 (조절 / 조종)하기 위해
> (익일 / 당일) 관광객에 한해 약 7,000원의 입장료를 받기로 했어요.

2 맞으면 ◯, 틀리면 X 하세요.

❶ 2024년 1년 동안 베네치아에 방문하려면 약 7,000원의 입장료를 내야 해요. (   )

❷ 베네치아에 일 때문에 방문하는 사람도 입장료를 내야 해요. (   )

❸ 유네스코는 베네치아를 세계유산 위험 목록에 올릴 것을 권고했어요. (   )

3 낱말과 어울리는 뜻에 줄을 그어보세요.

숙박하다 •　　　　• 자연이나 지역의 풍경

검문하다 •　　　　• 호텔에서 잠을 자고 머무르다

권고하다 •　　　　• 검사하기 위하여 따져 묻다

경관　　 •　　　　• 어떤 일을 하도록 권하다

4 주어진 단어를 활용해 한 문장을 써보세요.

> **거두다**
> 예) 친구들과 치킨을 사 먹기 위해 1인당 3,000원씩 거두었어요.

 베네치아에서 입장료를 받기로 한 이유는 무엇인가요?

72

일본에서 남자만 타는 열차가 운행된 이유

 **어휘 풀이**

주최하다
행사나 모임을 기획하여 열다

 **개최하다**
모임이나 회의를 주최하여 열다

 **폐막하다**
연극·음악회나 행사가 끝나다

 **설명문 읽기**

　일본에서 남성 전용 열차를 운행하는 이벤트가 열렸어요. 일본에는 '일본약자남성센터'라는 단체가 있는데, 전차 한 대를 빌려 남성만 타는 행사를 연 거예요. 이 단체는 남성들이 대중교통을 이용하면서 여자의 몸을 만졌다는 누명을 쓰는 것에 두려움을 느껴 이러한 행사를 주최한 거라고 밝혔어요.

　행사 담당자와 탑승객들은 일본 미노와바시역부터 와세다역까지 운행되는 전차에서 약 50분간 양성평등과 남성 전용 열차를 도입한 이야기를 나눴어요. 사실 이런 행사가 열린 건 이번이 처음이 아니에요. 이 단체는 여성뿐만 아니라 남성도 성범죄에 노출될 수 있다는 것을 사회에 알리고, 진정한 양성평등의 실현을 위해 노력하고 싶다는 의지를 밝혔어요.

　하지만 도쿄 메트로 측에 의하면 여성 전용 칸은 성범죄가 많이 일어나서 따로 만들게 되었지만, 남성 전용 칸은 실제로 운행할 계획이 없다고 해요.

1 이 글의 중심 낱말을 괄호에서 찾아 ○표 하세요.

> 일본에서 (남성 / 여성) 전용 열차를 운행하는 이벤트가 열려
> 남성도 (성범죄 / 학교 폭력)에 노출될 수 있다는 것을 알렸어요.

2 맞으면 ○, 틀리면 X 하세요.

❶ 일본약자남성센터는 전차 3대를 빌려 남성만 타는 행사를 열었어요. ( )
❷ 남성 전용 열차는 일본 미노와바시역에서 와세다역까지 운행됐어요. ( )
❸ 남성 전용 열차 운행 이벤트가 열린 건 이번이 처음이에요. ( )

3 낱말과 어울리는 뜻에 줄을 그어보세요.

누명 •　　　　　　• 사람들을 모아 놓고 개최하는 잔치
이벤트 •　　　　　• 사실이 아닌 일로 당하는 억울한 평판
운행하다 •　　　　• 연극·음악회나 행사가 끝나다
폐막하다 •　　　　• 차량이 정해진 목적지를 오고 가다

4 주어진 단어를 활용해 한 문장을 써보세요.

> **열리다**
> 예) 건이네 반에 알뜰 장터가 열렸어요.

 일본에서 남성 전용 열차를 운행하는 이벤트가 열린 이유는 무엇인가요?

73

영국에서
AI 공무원을 만든대요

감축하다

덜어서 줄이다

비슷한 말 **축소하다**
규모를 줄여서 작게 하다

반대말 **확대하다**
규모를 더 크게 하다

영국 정부에서 AI 공무원을 만들어 전체 공무원 수를 줄이겠다고 발표했어요. 코로나 팬데믹 때 공무원을 너무 많이 뽑아서 인력을 감축한다는 건데요. 영국 정부는 AI 공무원을 잘 개발하면 공무원 월급으로 나가는 세금을 아끼고 국가 생산성을 높일 수 있다고 주장하고 있어요.

만약 AI 공무원이 실제로 일하게 되면 사람보다 짧은 시간에 많은 일을 처리할 수 있다고 해요. 영국 정부는 AI 공무원을 통해 공공(公共) 서비스 분야에서 공무원의 수를 무려 약 6만 6,000명 정도 줄이고 싶다고 이야기했어요.

영국 정부가 공무원 수를 줄이려고 하는 가장 큰 이유는 국민들이 내는 세금을 절약할 수 있기 때문이에요. 하지만 AI 공무원 개발에 투자하는 대신 기존의 시스템을 개선하고, 공무원들의 역량을 키워주는 게 더 낫다는 의견도 많아요. 일각에서는 문서로 일처리를 해야 하는 경우도 많고, AI로 처리하다 오류가 날 가능성도 있다며 AI 공무원 도입에 반대 의사를 표시하고 있어요.

1 이 글의 중심 낱말을 괄호에서 찾아 ○표 하세요.

> 영국 정부에서는 국민들의 세금을 (절약 / 낭비)하기 위해
> AI 공무원을 (도입할 / 도입하지 않을) 예정이라고 발표했어요.

2 맞으면 ○, 틀리면 X 하세요.

❶ 영국 정부는 코로나 팬데믹 때 공무원을 별로 뽑지 않았어요. (   )
❷ 공무원 수를 줄이면 국민들이 내는 세금을 절약할 수 있어요. (   )
❸ AI 공무원은 오류가 날 가능성이 전혀 없어요. (   )

3 낱말과 어울리는 뜻에 줄을 그어보세요.

생산성 •   • 덜어서 줄이다
감축하다 •   • 생산 산출량의 비율
개선하다 •   • 어떤 일을 해낼 수 있는 힘
역량 •   • 잘못된 것을 고쳐 더 좋게 만들다

4 주어진 단어를 활용해 한 문장을 써보세요.

> **처리하다**
> 예) 준혁이는 학급의 힘든 일을 솔선수범해서 처리해요.

 앞으로 AI 공무원이 사람 대신 일할 수 있을까요?

유럽에서 설탕 구하기가 어려워졌대요

급감하다
급작스럽게 줄다

 **격감하다**
수량이 갑자기 줄다

 **급등하다**
갑작스럽게 늘어나다

유럽에서는 매년 엄청난 양의 설탕을 생산하고 있어요. 그런데 2023년에는 설탕 생산량이 급감하여 많은 사람들이 걱정하고 있어요. 설탕 생산량이 줄어든 이유는 무엇일까요? 바로 기후 변화 때문이에요.

기후 변화로 인해 유럽에 홍수가 나면서 설탕의 원료가 되는 사탕무가 흉작이라고 해요. 폭우로 인해 사탕무가 자라고 있는 들판이 침수되고, 그나마 있는 사탕무마저 상태가 좋지 않아 버려야 한대요. 요즘 가뜩이나 설탕 생산이 줄어들어 가격이 오르고 있었는데 설탕 가격이 더 비싸질 전망이에요.

일반적으로 사탕무는 9월부터 수확해서 가공하는데 유럽에 폭우가 내려 아직도 사탕무들이 땅에 묻혀있는 상태래요. 전 세계 설탕 생산량 2위 국가 인도와 3위 태국에서도 마찬가지예요. 엘니뇨와 같은 이상기후로 사탕수수 수확량이 급감해서 설탕 생산량이 줄었다고 해요.

1 이 글의 중심 낱말을 괄호에서 찾아 ○표 하세요.

> 기후 변화로 인해 유럽의 사탕무가 (풍작 / 흉작)이라 설탕 생산량도 (늘어날 / 줄어들) 전망이에요.

2 맞으면 ○, 틀리면 X 하세요.

① 사탕무는 설탕의 원료예요. ( )
② 설탕 생산량이 줄면 설탕 가격은 비싸져요. ( )
③ 사탕수수 수확량이 늘면 설탕 생산량은 줄어들어요. ( )

3 낱말과 어울리는 뜻에 줄을 그어보세요.

흉작 • • 다 자란 농산물을 거두어들이다
원료 • • 원자재로 새로운 제품을 만들다
가공하다 • • 물건을 만드는 데 들어가는 재료
수확하다 • • 농작물의 수확이 평년작을 훨씬 밑도는 일

4 주어진 단어를 활용해 한 문장을 써보세요.

> **생산하다**
> 예) 사탕 공장에서는 다양한 맛의 사탕을 생산하고 있어요.

 설탕 생산량이 줄면 왜 설탕 가격이 비싸질까요?

75

학원 없는 세상!
중국에선 학원에 못 가요

고수하다
차지한 형세를 굳게 지키다

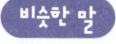 **견지하다**
어떤 견해나 입장을 굳게 지키다

 **변동하다**
바뀌어 달라지다

 중국에서는 학원에 가는 것을 법으로 금지하고 있어요. 중국 정부는 사교육 관련 프로그램을 운영한 죄를 물어 최대 학원 기업인 신둥팡에 2,800만 원의 벌금을 내게 했어요. 중국 정부는 사교육을 금지한다는 입장을 계속 고수하면서 강력한 제재를 하고 있어요.

　중국은 '쌍젠' 정책도 시행했어요. 쌍젠 정책은 초·중학교에서 숙제와 과외 부담을 덜어주는 정책을 말해요. 이 정책으로 인해 중국에서는 필수 교과를 가르치던 학원들이 모두 문을 닫았어요.

　하지만 우리나라의 수능과 비슷한 '가오카오' 시험이 있는 한 사교육을 완전히 없애긴 힘들다는 전망이 나와요. 중국에서는 암암리에 비밀 불법 과외를 하거나, 정부의 허가 없이 학원을 운영하는 경우가 많거든요. 게다가 부유한 사람들은 더욱더 은밀하게 사교육을 하고, 빈민층은 학교의 방과후 수업까지 없어진 상태라 교육의 기회가 양극화하고 있다는 지적도 있어요.

1 이 글의 중심 낱말을 괄호에서 찾아 ○표 하세요.

> 중국은 법으로 학원에 가는 것을 (허용 / 금지)하고 있으나 (암암리에 / 공개적으로) 사교육을 받는 경우가 많아 교육의 양극화가 일어나고 있어요.

2 맞으면 ○, 틀리면 X 하세요.

❶ 중국에서는 법으로 학원에 가는 것을 금지하고 있어요.   (   )
❷ 중국에는 우리나라의 수능과 비슷한 시험이 없어요.   (   )
❸ 학교의 방과후 수업은 사교육 금지에도 불구하고 계속 진행되고 있어요.   (   )

3 낱말과 어울리는 뜻에 줄을 그어보세요.

고수하다 •   • 차지한 물건이나 형세를 굳게 지키다
부유하다 •   • 서로 점점 더 달라지고 멀어짐
양극화   •   • 재물이 넉넉하다
운영하다 •   • 조직이나 사업체를 관리하고 운용하다

4 주어진 단어를 활용해 한 문장을 써보세요.

> **운영하다**
> 예) 태율이네 아버지께서는 태권도 학원을 운영하고 계세요.

 중국의 사교육 금지 정책이 왜 교육의 양극화를 초래하는 걸까요?

소아과에 가려면 새벽 3시 반부터 줄을 서야 한다고요?

배부하다
출판물이나 서류를 나누어 주다

 **배포하다**
신문이나 책자를 널리 나누어 주다

 **거두다**
흩어져 있는 물건을 한데 모으다

요즘 소아과에 가려면 새벽부터 줄을 서서 기다려야 한대요. 심지어 병원에서 배부하는 번호표를 받고 한참 기다렸다가 순서대로 들어가야 하는 상황까지 벌어지고 있다고 해요.

날이 점점 추워지면서 독감과 폐렴 등이 유행하고 있지만 소아과는 오히려 점점 문을 닫고 있는 실정이에요. 이런 상황은 특히 지방이 더 심해요. 지방은 가뜩이나 수도권에 비해 소아과가 적은데, 주말에는 병원 문을 열지 않는 곳이 많아서 새벽부터 줄을 서서 진료를 기다려야 해요. 온라인 예약이 가능한 병원의 경우에는 돈을 내고서라도 아침 일찍부터 예약하고 있어요.

이러한 현상은 최근 의사들 사이에서 소아과 인기가 줄어들면서 더욱 심해질 전망이에요. 다른 진료과목에 비해 소아과에 지원하는 의사들이 점점 줄고 있어요. 최근에 출산율이 떨어지기도 했고, 소아과를 운영해서 벌 수 있는 돈이 다른 과에 비해 적어서 그런 것도 있대요.

1 이 글의 중심 낱말을 괄호에서 찾아 ○표 하세요.

> 의사들이 소아과에 지원하는 것을 (기피 / 갈망)하면서
> 소아과에서 진료받기가 점점 더 (어려워지고 / 쉬워지고) 있어요.

2 맞으면 ○, 틀리면 X 하세요.

❶ 날이 추워지면서 독감과 폐렴이 유행하고 있어요. ( )
❷ 소아과에서 진료받는 것은 대도시일수록 힘들어요. ( )
❸ 최근 의사들 사이에서 소아과 인기가 높아지고 있어요. ( )

3 낱말과 어울리는 뜻에 줄을 그어보세요.

기피하다 •　　　　　• 아기를 낳는 비율
진료하다 •　　　　　• 진찰하고 치료하다
출산율 •　　　　　• 미리 약속함
예약 •　　　　　• 꺼리거나 싫어하여 피하다

4 주어진 단어를 활용해 한 문장을 써보세요.

> 지원하다
> 예) 우빈이는 서울에 있는 명문 대학에 지원했어요.

 소아과에서 진료받기가 점점 더 어려워지는 까닭은 무엇인가요?

77

일본 교토에서 최연소 여성 시장이 탄생했어요

선출하다
여럿 가운데서 골라내다

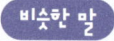 **선발하다**
많은 가운데서 골라 뽑다

 **탈락하다**
범위에 들지 못하고 떨어지다

일본 교토에서 역대 최연소 여성 시장이 선출되었어요. 일본 교토부 하치만 시장 선거에서 1990년생인 가와다 쇼코(33) 후보는 오가타 겐(43), 가메다 유코(62) 후보와 경쟁하여 당당하게 당선되었어요. 가와다 후보는 젊은 이미지를 강조하면서 육아와 상가 활성화 같이 시민들이 피부로 느끼는 문제들을 해결하겠다는 공약을 내걸었지요.

가와다 후보가 정치인의 길로 들어서겠다고 결심한 것은 고등학교 때라고 해요. 가와다 후보는 특유의 친근함을 내세워 앞으로도 많은 사람들과 편하게 이야기할 수 있도록 노력하겠다는 포부를 밝혔어요.

한편 가와다 후보 전의 최연소 시장은 2020년 도쿠시마 시장 선거에서 당선되었던 36세의 나이토 사와코였어요. 가와다 후보가 종전(從前)의 기록을 깨고 최연소 시장이 된 거지요.

1 이 글의 중심 낱말을 괄호에서 찾아 ◯표 하세요.

> 일본 교토에서는 (젊은 / 원숙한) 이미지를 앞세워 90년생 가와다 쇼코 후보가 (최연소 / 최고령) 여성 시장으로 선출되었어요.

2 맞으면 ◯, 틀리면 X 하세요.

❶ 가와다 후보는 단독 후보로 출마하여 선출되었어요. (   )
❷ 가와다 후보가 정치인의 길로 들어서겠다고 결심한 건 고등학교 때예요. (   )
❸ 가와다 후보는 다가가기 힘든 이미지를 갖고 있어요. (   )

3 낱말과 어울리는 뜻에 줄을 그어보세요.

당선 •　　　　• 어린아이를 기름
육아 •　　　　• 선거에서 뽑힘
종전 •　　　　• 여럿 가운데서 골라내다
선출하다 •　　　• 지금보다 이전

4 주어진 단어를 활용해 한 문장을 써보세요.

> **당당하다**
> 예) 사자는 갓 태어났지만 당당한 기세를 가지고 있었어요.

 가와다 쇼코 후보가 최연소 여성 시장이 될 수 있었던 비결은 무엇일까요?

쓰레기 줍는 월드컵이 있어요

수거하다
거두어 가다

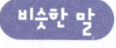 **습득하다**
주워서 얻다

 **버리다**
필요 없는 물건을 내던지다

일본 도쿄에는 주어진 시간 안에 얼마나 많은 쓰레기를 줍는지 대결하는 월드컵이 있다고 해요. 월드컵의 이름은 '스포고미'예요. 일본어로 스포츠를 뜻하는 '스포'와 쓰레기를 뜻하는 '고미'가 합쳐져서 만들어진 이름이에요.

스포고미에서는 한 팀당 3명씩 구성되어 90분 동안 도쿄 거리를 돌며 쓰레기를 주워요. 어떻게 점수를 매기냐고요? 주운 쓰레기의 종류와 무게에 따라 점수가 매겨져요. 그중 환경을 많이 오염시키는 쓰레기를 주웠다면 더 높은 점수를 받게 된답니다.

일본 도쿄에서는 왜 이런 월드컵을 개최하는 걸까요? 도쿄시는 이에 대해 다 같이 환경 문제에 대해 고민해보고 경각심을 갖자는 의미에서 행사를 기획한 거라고 설명했어요. 2023년 대회에서는 영국팀이 쓰레기 52.27kg을 수거해 1등을 거머쥐었어요.

1 이 글의 중심 낱말을 괄호에서 찾아 ○표 하세요.

> 일본 도쿄에서는 (스포츠 문제 / 환경 문제)에 대한 인식을 고취하기 위해 주어진 시간 안에 누가 얼마나 많은 쓰레기를 (버리는지 / 줍는지) 대결하는 월드컵이 열려요.

2 맞으면 ○, 틀리면 X 하세요.

❶ 쓰레기 줍는 월드컵의 이름은 '스포고미'예요. ( )

❷ 스포고미에서는 주운 쓰레기의 종류와 무게에 따라 점수가 매겨져요. ( )

❸ 2023년 대회에서는 프랑스팀이 1등을 거머쥐었어요. ( )

3 낱말과 어울리는 뜻에 줄을 그어보세요.

대결하다 • • 양자가 맞서서 승패를 가리다

경각심 • • 거두어 가다

수거하다 • • 완전히 소유하거나 장악하다

거머쥐다 • • 주의 깊게 살피어 경계하는 마음

4 주어진 단어를 활용해 한 문장을 써보세요.

> 예) 찬희는 거리를 돌며 맛있는 음식을 파는 가게가 있는지 살펴봤어요.

 일본 도쿄에서 쓰레기를 줍는 월드컵을 개최하는 이유는 무엇인가요?

173

'우정의 상징' 귀여운 판다로 미국과 중국의 갈등도 녹여요

고조되다

감정이나 세력이 한창 무르익다

 **격앙되다**

감정이 격렬히 일어나다

 **퇴조하다**

기운이나 세력이 줄어들다

그동안 미국과 중국은 갈등이 고조되고 있었는데 뜻밖에 화해의 분위기를 조성하고 있어요. 그것은 바로 '판다' 덕분이에요. 중국이 미국에 판다를 선물했거든요. 처음 판다를 선물할 때는 일정 기간 있다가 다시 중국에 돌아와야 한다는 조건이 있었어요. 그런데 중국 시진핑 국가주석이 많은 미국인들이 판다를 아끼고 헤어지고 싶어 하지 않는다는 마음을 안다면서 앞으로도 판다를 함께 잘 보호해 나가자고 이야기했어요. 이는 미국에 판다가 계속 머무를 수 있게 배려하겠다는 뜻으로 해석되어 판다를 사랑하는 많은 미국인들이 환호하고 있어요.

사실 전부터 중국은 다른 나라들에 판다를 보내 관계를 부드럽게 만들곤 했어요. 하지만 이렇게 선물로 보내진 판다들은 중국의 야생동물 보호 조건에 따라 일정 기간이 되면 중국으로 다시 돌아와야 해요. 이번처럼 판다들이 계속 미국에 남을 수 있다는 것이 큰 화제가 되는 이유예요.

1 이 글의 중심 낱말을 괄호에서 찾아 ○표 하세요.

> 미국과 중국의 (외교 관계 / 사적 관계)에 갈등이 있었는데
> 판다가 분위기를 (악화시키고 / 누그러뜨리고) 있어요.

2 맞으면 ○, 틀리면 X 하세요.

❶ 그동안 미국과 중국은 사이가 매우 가까웠어요. ( )

❷ 미국이 중국에 판다를 선물했어요. ( )

❸ 중국은 오직 미국에만 판다를 선물했어요. ( )

3 낱말과 어울리는 뜻에 줄을 그어보세요.

조성되다 • • 기뻐서 큰 소리로 부르짖다

격앙되다 • • 태도가 부드러워지다

환호하다 • • 감정이 격렬히 일어나다

누그러뜨리다 • • 분위기가 만들어지다

4 주어진 단어를 활용해 한 문장을 써보세요.

> 선물하다
>
> 예) 지우는 예진이에게 귀여운 인형을 선물했어요.

 중국이 다른 나라들에 판다를 선물하는 이유는 무엇인가요?

일본에서 우리나라의 10원빵 같은 '10엔빵'이 유행이래요

 **모방하다**
다른 것을 본뜨거나 본받다

본뜨다
이미 있는 대상을 그대로 만들다

 **창안하다**
어떤 방안을 처음으로 생각해내다

 10원빵은 10원 모양을 본떠 만든 빵인데요. 붕어빵처럼 거리 노점 곳곳에서 팔며 많은 사람들이 사 먹는 빵이에요. 최근 일본에서도 우리나라 10원빵을 본떠 만든 빵이 선풍적인 인기를 끌고 있대요. 그 빵의 이름은 바로 '10엔빵'이에요.

일본에서 20~30대 남녀에게 설문조사를 한 결과 2023년 유행 음식 1위로 '10엔빵'이 뽑혔다고 해요. 전체 2,075명 중 10엔빵을 고른 사람이 무려 720명이었대요.

10엔빵은 10엔짜리 동전 모양의 빵이에요. 손바닥 크기 정도의 이 빵은 부드러운 카스텔라 속에 치즈가 들어있고 가격은 우리나라 돈으로 약 5,000원 정도 한다고 해요.

처음엔 도쿄나 오사카처럼 대도시에서만 팔았는데, 인기가 점차 고공행진하면서 요즈음에는 10엔빵을 파는 지역이 늘어나고 있다고 해요.

1 이 글의 중심 낱말을 괄호에서 찾아 ○표 하세요.

> 일본에서 우리나라 10원빵을 (모방한 / 모집한)
> '10엔빵'이 (선풍적인 / 풍속적인) 인기를 끌고 있어요.

2 맞으면 ○, 틀리면 X 하세요.

① 10엔빵은 바나나 모양이에요. ( )

② 10엔빵은 부드러운 카스텔라 속에 팥앙금이 들어있어요. ( )

③ 일본에서 10엔빵을 파는 지역은 점점 늘어나고 있어요. ( )

3 낱말과 어울리는 뜻에 줄을 그어보세요.

노점 •　　　　　• 어떤 방안을 처음으로 생각해내다

창안하다 •　　　　• 길가에 물건을 벌여 놓고 장사하는 곳

모방하다 •　　　　• 돌발적으로 일어나 사회에 관심을 받는

선풍적 •　　　　　• 다른 것을 본뜨거나 본받다

4 주어진 단어를 활용해 한 문장을 써보세요.

> 고르다
>
> 예) 하율이는 슈크림이 든 붕어빵 대신 팥이 든 붕어빵을 골랐어요.

 일본에서 10엔빵이 유행하는 이유는 무엇일까요?

가로세로 낱말 퍼즐

가로 열쇠

① 양자가 맞서서 우열이나 승패를 가림
② 경기에서 이긴 사람
④ 고기류를 피하고 주로 채소, 과일만 먹음
⑥ 해수면으로부터 잰 산의 높이
⑧ 틀어잡거나 휘감아 쥐다.
　우승컵을 ○○○○
⑨ 물건의 값

세로 열쇠

① 지역이 넓고 인구가 많은 도시
③ 장사나 사업의 기본이 되는 돈
⑤ 먹는 데 드는 돈
⑥ 어려운 일을 해결하여 없애 버림
⑦ 거두어 감. 분리 ○○
⑩ 원자재를 인공적으로 처리함. ○○ 식품

5장
환경 뉴스 문해력왕

81

우리나라에서 망고와 바나나를 재배할 수 있대요

재배하다

식물을 심어 가꾸다

비슷한 말 가꾸다
식물을 손질하고 보살피다

반대말 뽑다
박힌 것을 잡아당기어 빼내다

세계 온실가스 배출량이 점점 늘어나면서 기후 변화의 속도도 빨라지고 있어요. 이런 속도라면 머지않아 지구의 대부분이 인간이 살 수 없는 척박한 땅으로 변할 수도 있어요. 문제는 각 나라에서 온실가스 배출량을 줄이기로 약속했지만 이 정도 줄여서는 언 발에 오줌 누기예요. 전 세계에서 온실가스 배출량을 최대한 줄인다고 하더라도 2100년쯤에는 기온 상승 폭이 2.9도에 달할 거래요.

안토니우 구테흐스 유엔 사무총장은 각국이 경각심을 가지고 극단적인 조처를 해야 한다고 밝혔어요. 더 이상 일반적인 대처 수준으로는 상황을 타개하기 힘들다는 거지요. 일례로 미국은 앞으로 2030년까지 온실가스 배출량을 10톤 줄이기로 했어요. 기후 변화는 전 세계에 여러 가지 변화를 불러오고 있어요. 우리나라에서도 기온이 높아지면서 망고와 바나나 같은 아열대 작물을 재배하는 농가가 늘어났어요.

1 이 글의 중심 낱말을 괄호에서 찾아 ○표 하세요.

> 기후 변화로 인해 우리나라 기온이 (낮아지면서 / 높아지면서)
> 망고와 바나나 같은 (냉대 / 아열대) 작물 재배가 늘어나고 있어요.

2 맞으면 ○, 틀리면 X 하세요.

❶ 중국은 앞으로 2030년까지 온실가스 배출량을 10톤 줄이기로 했어요.   (   )

❷ 우리나라에서는 망고와 바나나를 재배하는 게 불가능해요.   (   )

❸ 각 나라에서는 온실가스 배출량을 줄이기로 약속했어요.   (   )

3 낱말과 어울리는 뜻에 줄을 그어보세요.

척박하다 •   • 한쪽으로 크게 치우치는 것

극단적 •   • 땅이 기름지지 못하고 몹시 메마르다

타개하다 •   • 논밭에 심어 가꾸는 곡식이나 채소

작물 •   • 어려운 일을 잘 처리하여 해결하다

4 주어진 단어를 활용해 한 문장을 써보세요.

> **대처하다**
> 예) 세윤이는 자신에게 닥친 고난에 슬기롭게 대처하기로 했어요.

 온실가스 배출량을 줄이려면 어떻게 해야 할까요?

82

전 세계 1% '슈퍼리치'는 환경을 오염시키는 것도 1등?

부과하다
세금을 매기어 부담하게 하다

비슷한 말 **물리다**
갚아야 할 것을 치르게 하다

반대말 **납부하다**
세금을 관계 기관에 내다

전 세계 상위 1% 부자를 '슈퍼리치'라고 불러요. 최근 이 슈퍼리치들이 전 세계 탄소 배출량의 16%를 차지했다는 연구 결과가 나와서 논란이에요. 이 정도 수치가 어느 정도인지 감이 안 온다고요? 전 세계 탄소 배출량 16%는 최빈곤층 인구 50억 명이 배출한 탄소량과 맞먹을 정도로 어마어마한 양이에요. 전체 자동차와 도로 운송에서 배출되는 탄소량을 뛰어넘는 수치이기도 하고요.

결국 슈퍼리치들이 지구온난화를 주도하고 있는 셈이에요. 심지어 상위 10%의 부자들로 범위를 넓히면 세계 전체 탄소 배출량의 절반을 차지해요. 그렇다면 뾰족한 해결 방법이 없는 걸까요? 한 환경보호 단체에서는 슈퍼리치들에게 더 많은 세금을 **부과하고**, 그들에게 걷은 돈으로 환경을 보호하는 데 **투자하면** 도움이 될 거라고 주장했어요. 부유한 국가들은 환경보호를 위해 더욱더 책임감을 느껴야 한다는 말도 덧붙였고요.

1 이 글의 중심 낱말을 괄호에서 찾아 ○표 하세요.

> 전 세계 상위 1% 부자들이 전 세계 (산소 / 탄소) 배출량의 16%를 차지하며 지구온난화를 (억제하고 / 주도하고) 있어요.

2 맞으면 ○, 틀리면 X 하세요.

❶ 전 세계 상위 1% 부자를 '슈퍼리치'라고 불러요. ( )
❷ 슈퍼리치들이 지구온난화를 주도하고 있어요. ( )
❸ 한 환경보호 단체에서는 슈퍼리치들의 세금을 줄여주자고 했어요. ( )

3 낱말과 어울리는 뜻에 줄을 그어보세요.

투자하다 •　　　　　• 넉넉한 생활 또는 넉넉한 재산
부(富) •　　　　　• 세금을 매기어 부담하게 하다
부과하다 •　　　　　• 세금을 관계 기관에 내다
납부하다 •　　　　　• 이익을 얻기 위해 사업에 자본을 대다

4 주어진 단어를 활용해 한 문장을 써보세요.

> **해석하다**
> 예) 종혁이는 서현이에게 어려운 문장을 해석해줬어요.

 슈퍼리치의 탄소 배출량을 줄이려면 어떻게 해야 할까요?

83

울릉도 바다가 변하고 있어요

서식하다
생물이 일정한 곳에 자리를 잡고 살다

비슷한 말 **눌러앉다**
같은 장소에 계속 머무르다

반대말 **이사하다**
사는 곳을 다른 데로 옮기다

울릉도 바닷속에서 파란 물고기가 보이기 시작했어요. 그동안 울릉도 바다에서는 볼 수 없었던 '파랑돔'이에요. 파랑돔은 원래 열대 바다에 서식하는 물고기인데, 울릉도 바다에서는 볼 수 없어야 정상이에요. 그런데 지구온난화로 인해 바다 온도가 상승하면서 울릉도 바다에서도 파랑돔이 보이기 시작한 거예요.

반대로 기존에 울릉도 바다에 살던 물고기들은 떼를 지어서 추운 북쪽 바다로 올라가고 있어요. 전문가들은 이대로라면 기존의 우리나라 바다에서 볼 수 있던 물고기들을 더 이상 찾아볼 수 없을지도 모른대요. 대표적인 것이 오징어, 삼치, 방어 등이에요.

양식장은 피해가 더 심해요. 바다 온도가 올라가면서 양식장의 물고기들이 떼죽음을 당하는 일이 심심치 않게 일어나고 있어요. 연구 결과에 의하면 2100년에는 우리나라 주변 바다의 수온이 3~6도까지 올라갈 수 있대요.

1 이 글의 중심 낱말을 괄호에서 찾아 ○표 하세요.

> 최근 지구온난화로 인해 바다 온도가 (상승 / 하강)하면서 울릉도 바다의 생태계도 (열대 / 냉대) 바다처럼 바뀌고 있어요.

2 맞으면 ○, 틀리면 X 하세요.

❶ 울릉도 바다에서 파랑돔이 보이기 시작했어요. (   )
❷ 파랑돔은 원래 열대 바다에 서식하는 물고기예요. (   )
❸ 바다 온도가 상승해도 양식장은 별다른 피해가 없어요. (   )

3 낱말과 어울리는 뜻에 줄을 그어보세요.

온난화   •   • 지구의 기온이 높아지는 현상
떼죽음   •   • 물고기의 양식을 전문적으로 하는 곳
양식장   •   • 물의 온도
수온   •   • 한꺼번에 모조리 죽음

4 주어진 단어를 활용해 한 문장을 써보세요.

> 올라가다
> 예) 예빈이는 노을을 보기 위해 언덕 위로 올라갔어요.

 앞으로 울릉도 바다 생태계가 바뀌면 어떤 일이 일어날까요?

세계 최대 습지에
불이 났어요!

소실되다
사라져 없어지다

비슷한 말 **소멸되다**
사라져 없어지게 되다

반대말 **생성되다**
사물이 생겨나다

　세계에서 가장 규모가 큰 브라질의 판타날 습지에 불이 났어요. 본래 판타날 습지는 다양한 생물들의 천국이라고 불릴 정도로 생태계가 아름다운 곳이었어요. 판타날 습지의 대표적인 동물로는 재규어, 악어, 마코앵무새 등이 있어요. 그런데 이번 화재로 습지의 많은 면적이 그을리거나 불에 타고, 많은 생명이 목숨을 잃었어요.

　화재는 어쩌다 일어난 걸까요? 이번 화재는 사람이 낸 것이 아니라 계속 이어진 가뭄과 폭염을 겪으며 자연적으로 발생한 거라고 해요. 그동안 가뭄과 폭염으로 크고 작은 화재가 계속 일어났는데 이번 화재는 유독 대형이래요. 이번 화재로 소실된 습지는 서울 면적의 12배 이상이라고 하네요.

　사람들은 불길에 휩싸인 생명을 구하기 위해 힘을 모으고 있어요. 앞으로 기후 변화가 계속되면 더욱더 폭염과 건조한 기후로 화재가 끊이지 않을 거예요.

1 이 글의 중심 낱말을 괄호에서 찾아 ○표 하세요.

> 세계에서 가장 규모가 큰 브라질의 판타날 (저수지 / 습지)에
> (홍수 / 불)이(가) 나서 많은 피해가 발생했어요.

2 맞으면 ○, 틀리면 X 하세요.

❶ 브라질의 판타날 습지는 세계에서 가장 규모가 작아요. ( )

❷ 이번 화재는 사람이 낸 거예요. ( )

❸ 판타날 습지는 다양한 생물들의 천국으로 유명했어요. ( )

3 낱말과 어울리는 뜻에 줄을 그어보세요.

습지 •   • 습기가 많은 축축한 땅

생성되다 •   • 무엇에 온통 뒤덮이다

그을리다 •   • 사물이 생겨나다

휩싸이다 •   • 불, 연기를 오래 쬐어 검게 하다

4 주어진 단어를 활용해 한 문장을 써보세요.

> **이어지다**
> 예) 학예회에서 리코더 공연이 끝나고 장기자랑이 이어졌어요.

 앞으로 자연적으로 발생하는 화재가 끊이지 않을 거라고 예상되는 이유는 무엇인가요?

85

댐을 만드는
건축가 비버

조절하다
균형이 맞게 바로잡다

비슷한 말 **조정하다**
어떤 기준이나 실정에 맞게 정돈하다

반대말 **편향하다**
한쪽으로 치우치다

비버는 '댐을 만드는 멋진 건축가'예요. 비버는 하천이나 늪에 사는 작은 동물인데요. 하천 근처의 나무를 튼튼한 앞니로 갉아서 부러뜨린 다음 흙과 돌을 더해 댐을 만드는 습성이 있어요. 이렇게 만든 댐이 비버의 소중한 집이지요.

한 연구 결과에 따르면 비버가 수천 년 전 유럽의 생태계를 조성하는 데 중요한 역할을 했대요. 이 사실을 어떻게 발견했냐고요? 바로 비버의 뼛조각에서 힌트를 얻었어요. 수천 년 전 당시 인간은 비버를 사냥해 고기는 먹고 뼈로는 각종 도구를 만들어 활용했어요.

비버가 이룬 중요한 업적이 하나 더 있어요. 비버가 나뭇가지와 돌, 흙을 합쳐 댐을 만든 덕분에 하천의 물 높이가 조절되면서 살기 좋은 환경이 조성된 거예요. 다양한 생물이 살게 되자 인간도 생존에 더욱 유리해졌고요. 그래서 수천 년 전 인간은 비버 주변에 사는 걸 선호했대요.

1 이 글의 중심 낱말을 괄호에서 찾아 ○표 하세요.

> (비버 / 수달)가(이) 수천 년 전 (아시아 / 유럽)의 생태계를 조성하는 데 중요한 역할을 했대요.

2 맞으면 ○, 틀리면 X 하세요.

❶ 수천 년 전 인간은 비버를 사냥했지만 고기는 먹지 않았어요.   (   )

❷ 수천 년 전 인간은 비버 주변에 사는 걸 선호했어요.   (   )

❸ 비버는 하천 근처의 나무를 부러뜨린 다음 흙과 돌을 더해 댐을 만들어요.   (   )

3 낱말과 어울리는 뜻에 줄을 그어보세요.

조절하다 •　　　　• 무엇을 만들어서 이루다

조성하다 •　　　　• 균형이 맞게 바로잡다

습성 •　　　　• 습관이 되어 버린 성질

업적 •　　　　• 어떤 사업이나 연구에서 세운 공적

4 주어진 단어를 활용해 한 문장을 써보세요.

> 조성하다
>
> 예) 호수 근처에 산책할 수 있는 공원이 조성되었어요.

토의하기

비버가 수천 년 전 유럽의 생태계를 조성하는 데 중요한 역할을 할 수 있었던 까닭은 무엇인가요?

베니스가 기후 변화로 신음하고 있어요

범람하다
큰물이 흘러넘치다

비슷한 말 **넘치다**
가득 차서 밖으로 흘러나오다

반대말 **잔잔하다**
바람이나 물결이 잠잠하다

이탈리아 베니스는 사람이나 물건을 실어나르는 운하로 이루어진 도시예요. 아름다운 물의 도시 베니스가 기후 변화로 고통받고 있어요. 환경 오염으로 기후가 변화무쌍하게 바뀌다 보니 도시에 가뭄과 홍수가 번갈아 찾아온대요.

세계 많은 도시 중에 유독 베니스가 기후 변화의 직격탄을 맞고 있는 이유는 무엇일까요? 그 이유는 베니스가 아드리아해 북쪽에 위치하여 바다의 영향을 직접적으로 받는 도시이기 때문이에요. 최근 기후 변화로 바다 환경이 급격하게 변하다 보니 베니스의 기후 또한 극단적인 변화를 겪고 있는 거지요.

이탈리아 정부는 베니스를 지키기 위해 수벽을 만들어 베니스에 들어오는 바닷물의 양을 조절하고 있어요. 하지만 최근에는 이러한 수벽조차 범람하는 바닷물을 막을 수 없어서 문제예요.

1 이 글의 중심 낱말을 괄호에서 찾아 ○표 하세요.

> 이탈리아 베니스가 기후 변화로 인해 (가뭄과 홍수 / 지진과 해일)가(이) (동시에 / 번갈아) 찾아와서 피해가 심해요.

2 맞으면 ○, 틀리면 X 하세요.

❶ 베니스는 아름다운 불의 도시로 불려요. ( )
❷ 베니스는 기후 변화의 직격탄을 맞고 있어요. ( )
❸ 베니스는 사람이나 물건을 실어나르는 운하로 이루어진 도시예요. ( )

3 낱말과 어울리는 뜻에 줄을 그어보세요.

변화무쌍 •   • 변하는 정도가 비할 데 없이 심함
직격탄   •   • 직접적으로 치명적인 피해를 주는 일
급격하다 •   • 배의 운항을 위해 육지에 파 놓은 물길
운하   •   • 변화의 움직임이 급하고 격렬하다

4 주어진 단어를 활용해 한 문장을 써보세요.

> 조절하다
> 예) 서현이는 텔레비전 볼륨을 조절했어요.

 베니스가 유독 기후 변화의 직격탄을 맞고 있는 이유는 무엇인가요?

87

온난화로 남극 아델리 펭귄이 털갈이를 못 한대요

대비하다
일어날지도 모르는 일을 미리 준비하다

 **예비하다**
필요할 때 쓰기 위해 미리 갖추어 놓다

 **지연하다**
일을 더디게 끌어 시간을 늦추다

남극에 사는 아델리 펭귄을 아나요? 아델리 펭귄은 턱시도를 입은 듯한 겉모습을 하고 있어서 '남극 신사'라는 별명이 있어요.

아델리 펭귄은 바다 얼음 위에서 매년 겨울을 대비하여 털갈이를 해요. 그런데 문제는 바다 얼음이 온난화로 인해 점점 녹고 있다는 점이에요.

아델리 펭귄에게 털갈이는 무슨 의미일까요? 평균 19일 동안 바다 얼음 위에서 털갈이를 하는데요. 털갈이는 체온이 떨어지지 않게 해주고, 잠수했을 때 몸으로 물이 스며들지 않게 하는 역할을 해서 생존에 아주 중요하다고 해요.

걱정되는 점은 온난화로 인해 바다 얼음이 비정상적으로 줄어들었고, 지금도 계속 줄어드는 상태라는 거예요. 연구 결과 바다 얼음이 줄어들 때마다 아델리 펭귄의 생존율도 감소했다고 해요. 더 이상 바다 얼음이 녹지 않도록 대책을 마련해야겠어요.

1 이 글의 중심 낱말을 괄호에서 찾아 ○표 하세요.

> (남극 / 북극)의 바다 얼음이 온난화로 인해 점점 녹고 있어서
> 아델리 펭귄의 (생존 / 놀이)이(가) 위협받고 있어요.

2 맞으면 ○, 틀리면 X 하세요.

① 아델리 펭귄은 드레스를 입은 듯한 겉모습을 하고 있어요.   (   )
② 아델리 펭귄은 매년 여름을 대비해 털갈이를 해요.   (   )
③ 아델리 펭귄에게 털갈이는 생존을 위해 아주 중요한 부분이에요.   (   )

3 낱말과 어울리는 뜻에 줄을 그어보세요.

신사 •　　　　• 물속으로 잠겨 들어가다
털갈이 •　　　　• 점잖고 교양이 있으며 예의 바른 남자
잠수하다 •　　　　• 짐승의 묵은 털이 빠지고 새털이 남
대책 •　　　　• 어떤 일에 대처할 계획이나 수단

4 주어진 단어를 활용해 한 문장을 써보세요.

> **스며들다**
> 예) 소나기가 내려 지붕에 빗물이 스며들었어요.

 아델리 펭귄이 털갈이를 하지 못하면 생존이 힘들어지는 이유는 무엇인가요?

88

친환경적으로 집을 짓기 위해 AI를 이용한다고요?

경감하다
부담을 덜어서 가볍게 하다

비슷한 말 **덜다**
일정한 수량에서 떼어 줄이다

반대말 **더하다**
더 보태어 늘리다

AI는 건설 현장에서 공사장 주변에 붕괴 사고가 일어나지 않도록 감시하고, 탄소 배출을 경감하는 데 쓰인대요. AI가 붕괴 사고 위험이 있는지 어떻게 감지할 수 있냐고요? 사람이 공사장 주변을 카메라로 촬영해서 AI에 등록하면 AI가 균열 상태를 살펴봐요. 시간이 흐르면서 이 균열이 점점 커지는지 추적한 뒤 붕괴 위험성이 있다면 사람에게 경고해주는 거지요.

다행히 아직은 AI가 경고할 정도로 심하게 균열을 일으키거나 침하가 일어난 적은 없었대요. 다만 사람이 하던 균열 관리를 AI가 해주니 시간과 비용을 많이 아낄 수 있었다고 해요. AI는 소각로의 온도 관리에도 쓰이고 있어요. 건설 폐기물을 태우는 소각로에는 온도를 일정하게 유지하는지 감시하는 역할이 필요했는데, 최근에 AI가 이를 대신할 수 있는 기술이 개발되었대요. AI는 소각로 온도 관리와 함께 온도에 따른 유해물질 배출량도 분석해서 오염물질 배출량을 줄일 수 있어요.

1 이 글의 중심 낱말을 괄호에서 찾아 ○표 하세요.

> 건설 현장에서 AI가 공사장의 (안전 / 규칙)을 지키고,
> (탄소 / 수소) 배출을 경감하는 데 쓰이고 있어요.

2 맞으면 ○, 틀리면 X 하세요.

❶ AI는 공사장의 붕괴 위험을 예측하고 경고할 수 있어요. (   )

❷ AI를 이용하면 사람을 고용하는 것보다 시간과 비용이 더 들어요. (   )

❸ AI는 소각로 온도에 따른 유해물질 배출량은 분석할 수 없어요. (   )

3 낱말과 어울리는 뜻에 줄을 그어보세요.

균열   •   • 가라앉아 내림
침하   •   • 거북 등의 무늬처럼 갈라져 터짐
소각로   •   • 사물의 자취를 더듬어 가다
추적하다 •   • 쓰레기나 폐기물을 태워 버리는 시설물

4 주어진 단어를 활용해 한 문장을 써보세요.

> **살펴보다**
> 예) 민준이는 도자기 그릇에 깨진 부분이 있는지 살펴봤어요.

 건설 현장에서 AI는 어떻게 활용할 수 있나요?

89

기온이 올라가면 산불도 자주 나요

건조하다
말라서 습기가 없다

 **메마르다**
공기가 건조하다

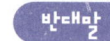 **촉촉하다**
물기가 있어 조금 젖은 듯하다

 2023년 봄은 평년에 비해 산불이 많이 났어요. 그 원인은 심한 무더위 때문이에요. 봄답지 않게 무더운 날씨와 건조한 공기가 합쳐져 산불이 일어나기 쉬운 최적의 조건을 갖추었어요. 게다가 강한 바람은 산불이 주변에 번지게 부채질하는 역할까지 해서 그 피해가 컸어요. 특히 기온 상승은 산불의 큰 원인이에요.

 산림과학원에 의하면 기온이 1.5도 오를 때마다 산불 위험도는 8.6% 상승하고, 2도 오르면 13.5% 상승한대요. 2023년 봄에 산불이 잦았던 이유도 결국 온도의 영향이 컸다고 할 수 있지요. 3월 평균 기온은 9.4도로 역대 가장 더운 수준이었다고 해요.

 그럼 이러한 현상은 우리나라에서만 일어나는 걸까요? 기온 상승과 함께 산불이 많이 나는 것은 전 세계적인 현상이에요. 세계적으로 5~10년 사이에 산불이 자주 일어나고 있고, 강도(强度)도 세지고 있다고 해요.

1 이 글의 중심 낱말을 괄호에서 찾아 ○표 하세요.

> 2023년에는 (겨울 / 봄)답지 않게 무더운 날씨와 건조한 기후로 인해 (산불 / 산사태)이(가) 유독 많이 발생했어요.

2 맞으면 ○, 틀리면 X 하세요.

❶ 2023년은 평년에 비해 산불이 적게 난 해였어요. (   )
❷ 무더운 날씨와 건조한 공기가 합쳐지면 산불이 나기 쉬워요. (   )
❸ 기온 상승과 함께 산불이 많이 나는 것은 전 세계적인 현상이에요. (   )

3 낱말과 어울리는 뜻에 줄을 그어보세요.

최적   •   • 감정이나 싸움을 더욱 부추기다
부채질하다   •   • 센 정도
역대   •   • 가장 알맞음
강도   •   • 대대로 이어 내려온 여러 대

4 주어진 단어를 활용해 한 문장을 써보세요.

> **갖추다**
> 예) 예진이는 스키장에 가기 위해 모든 준비를 갖췄어요.

 기후 변화와 산불은 어떤 관련이 있나요?

197

곤충이 사라지면
초콜릿을 못 먹게 될지도 몰라요

시들다
꽃이나 풀이 말라 생기가 없어지다

 **마르다**
물기가 다 날아가서 없어지다

 **생생하다**
시들거나 상하지 않고 생기가 있다

곤충이 사라지면 우리가 좋아하는 초콜릿이나 망고, 수박 같은 맛있는 음식들을 못 먹을 수도 있대요. 곤충과 맛있는 음식이 무슨 관련이 있냐고요? 초콜릿을 만드는 원료인 카카오나 달콤한 과일들이 무럭무럭 자라기 위해서는 곤충이 꽃가루를 옮겨주어야 해요. 이를 '수분'이라고 하는데 수분이 되어야 식물이 열매를 맺고 씨앗을 퍼뜨릴 수 있어요.

식물의 수분을 도와주는 대표적인 곤충이 벌이나 파리예요. 지구온난화로 벌이나 파리 같은 곤충들이 사라지면 식물은 잘 자라지 못하고 시들어요. 결국 우리가 좋아하는 맛있는 음식들을 먹기 어려워지는 거지요.

최근 연구팀에 의하면 기후 변화로 곤충들이 사라지면서 남미, 동남아, 아프리카 등에 있는 농장의 작황이 좋지 않다고 해요. 만약 지구 평균 기온이 지금보다 더 상승하면 곤충들은 더욱더 감소할 거예요.

1 이 글의 중심 낱말을 괄호에서 찾아 ○표 하세요.

> 지구온난화로 벌과 파리 같은 (곤충 / 포유류)의 수가 줄어들면서
> 남미, 동남아, 아프리카 등에 있는 농장의 (작황 / 풍작)이 좋지 않다고 해요.

2 맞으면 ○, 틀리면 X 하세요.

❶ 카카오는 초콜릿을 만드는 원료예요. ( )
❷ 과일이 잘 자라려면 곤충이 꽃잎을 옮겨주어야 해요. ( )
❸ 수분을 도와주는 대표적인 곤충은 거미예요. ( )

3 낱말과 어울리는 뜻에 줄을 그어보세요.

작황 •　　　　　• 현상이나 물체의 자취가 없어지다
사라지다 •　　　　• 열매나 꽃망울이 생겨나다
퍼뜨리다 •　　　　• 널리 퍼지게 하다
맺다 •　　　　　• 농작물이 잘되고 못된 상황

4 주어진 단어를 활용해 한 문장을 써보세요.

> **옮기다**
> 예) 희진이는 친구가 책상 옮기는 것을 도와주었어요.

 곤충과 맛있는 음식은 어떻게 관련되어 있나요?

91

포켓몬스터에도 나왔던 '라플레시아'가 멸종 위기래요

유인하다
주의나 흥미를 일으켜 꾀어내다

비슷한 말 **꼬이다**
그럴듯한 말이나 행동으로 남을 속이다

반대말 **방관하다**
직접 나서지 않고 곁에서 보기만 하다

포켓몬스터에 나왔던 '라플레시아'라는 포켓몬을 아나요? 라플레시아는 실존하는 식물이에요. 동남아시아에 사는 라플레시아는 지름이 약 1m에 달할 정도로 세계에서 가장 큰 꽃을 피우는데요. 꽃에서 고기 썩는 냄새가 나서 '시체꽃'이라는 무시무시한 별명을 갖고 있어요.

최근 한 연구팀에 의하면 무분별한 개발로 인한 서식지 파괴로 라플레시아가 심각한 멸종 위기를 맞았다고 해요. 라플레시아의 주 서식지가 3분의 2 이상 파괴될 위험에 처해 있대요.

라플레시아가 주로 어디에 사냐고요? 라플레시아는 인도네시아나 말레이시아 같은 동남아 정글에서 덩굴식물에 기생해 살아가요. 평소 라플레시아는 실같이 기다랗게 자라서 발견하기 어려운데요. 환경이 맞으면 최대 1m에 달하는 꽃을 피워요. 고기 썩는 냄새를 피우는 이유도 수분을 위해 파리를 유인하기 위해서예요. 라플레시아의 서식지를 파괴의 위험으로부터 보호하면 좋겠네요.

1 이 글의 중심 낱말을 괄호에서 찾아 ◯표 하세요.

> 라플레시아가 무분별한 (개발 / 계발)로 인해
> 서식지가 (파괴 / 생성)되어 심각한 멸종 위기를 맞았어요.

2 맞으면 ◯, 틀리면 X 하세요.

❶ 포켓몬스터에 나왔던 '라플레시아'는 가상의 식물이에요.   ( )

❷ 라플레시아는 고기 썩는 냄새가 나서 '시체꽃'이라는 별명을 얻었어요.   ( )

❸ 라플레시아는 주로 아프리카에서 볼 수 있어요.   ( )

3 낱말과 어울리는 뜻에 줄을 그어보세요.

실존하다   •   • 분별이 없다

피우다   •   • 실제로 존재하다

무시무시하다 •   • 꽃봉오리를 벌어지게 하다

무분별하다 •   • 몹시 무섭다

4 주어진 단어를 활용해 한 문장을 써보세요.

> 보호하다
>
> 예) 원준이네 반은 자연을 보호하기 위해 캠페인 활동을 벌였어요.

 라플레시아가 고기 썩는 냄새를 피우는 이유는 무엇인가요?

칠레에는 지구상에서 가장 오래된 나무가 있어요

저항하다
힘이나 조건에 굽히지 않고 거역하다

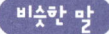 **항거하다**
순종하지 않고 맞서서 반항하다

 **투항하다**
적에게 항복하다

칠레 로스리오스 지역의 숲에는 나이가 무려 5,400년 된 나무가 있어요. 지구상에서 가장 나이가 많은 이 나무는 파타고니아 사이프러스예요. 상상할 수 없을 만큼 나이가 많은 이 나무는 높이 28m, 지름 4m에 달하는 거대한 크기를 가지고 있어요. 나이가 5,400살이라는 것은 이 나무가 청동기 시대 직후 자라기 시작했다는 걸 의미해요.

오랜 시간 많은 환경의 변화가 있었지만 모든 것을 이겨내고 자리를 지켜내고 있는 이 나무는 과거의 환경을 조사할 수 있는 중요한 열쇠가 되고 있어요. 학자들은 이 나무가 5,000년 세월의 증거이자, 많은 역경 속에서도 굳건히 자라난 저항의 상징이라고 이야기하고 있어요.

이 파타고니아 사이프러스 외에도 지구상에는 오래된 나무들이 많아요. 살아있는 타임캡슐과도 같은 이 나무들을 우리가 잘 보존해야 지구 환경의 변화를 관찰할 수 있겠지요.

1 이 글의 중심 낱말을 괄호에서 찾아 ○표 하세요.

> (칠레 / 우크라이나)에는 지구상에서
> 가장 나이가 (적은 / 많은) 나무가 있어요.

2 맞으면 ○, 틀리면 X 하세요.

❶ 칠레에 있는 가장 오래된 나무는 구석기 시대 직후 자라기 시작했어요. (   )
❷ 파타고니아 사이프러스를 통해 과거의 환경을 조사할 수 있어요. (   )
❸ 지구상에서 가장 오래된 나무는 아주 작은 크기를 가지고 있어요. (   )

3 낱말과 어울리는 뜻에 줄을 그어보세요.

관찰하다 •   • 매우 어렵게 된 처지나 환경
직후 •   • 뜻이나 의지가 굳세다
역경 •   • 사물이나 현상을 자세히 살펴보다
굳건하다 •   • 어떤 일이 있고 난 바로 다음

4 주어진 단어를 활용해 한 문장을 써보세요.

> **시작하다**
> 예) 일주일 전에 심은 씨앗에서 새싹이 자라나기 시작했어요.

 오래된 나무들을 잘 보존해야 하는 까닭은 무엇인가요?

93

지구를 지키는 판다와 순록

순환하다
주기적으로 되풀이하여 돌다

비슷한 말 **반복하다**
같은 일을 되풀이하다

반대말 **정지하다**
움직이고 있던 것이 멎다

우리가 판다와 순록을 지켜줘야 한다고 생각했는데 오히려 판다와 순록이 지구를 지켜준다니 뜻밖의 사실이지요? 판다는 대나무가 주식(主食)이에요. 판다가 오물오물 대나무를 씹는 모습을 보면 사랑에 빠지게 해요. 이렇게 무한한 애정을 갖게 하는 판다는 그 자체만으로 동물 보호 효과를 불러일으킨다고 해요.

판다의 서식지는 대부분의 동물 서식지와 겹치거든요. 판다를 보호하게 되면 다른 동물들을 보호하는 것과 같은 효과가 있어요. 실제로 중국의 판다 보호 구역에는 푸른귀꿩, 금빛원숭이 같은 다양한 동물들이 함께 보호받고 있어요.

순록은 지구 기온을 낮춰 준다고 해요. 매년 여름이면 수많은 순록이 이동을 시작하는데요. 순록들은 이동하면서 땅을 밟아 생태계의 순환을 도와요. 순록들은 특히 짙은 색의 식물을 뜯어먹는데 이는 밝은색의 식물이 남게 해서 기온의 반사를 도와 온도를 낮추는 효과가 있어요.

1 이 글의 중심 낱말을 괄호에서 찾아 ○표 하세요.

> 판다와 순록이 우리 (태양계 / 지구)를
> (지켜주고 / 위협하고) 있어요.

2 맞으면 ○, 틀리면 X 하세요.

① 판다는 닥나무가 주식이에요.　　　　　　　　　　　　　　(　　)
② 판다의 서식지는 대부분의 동물 서식지와 겹쳐요.　　　(　　)
③ 순록은 주로 밝은색의 식물을 뜯어먹어요.　　　　　　　(　　)

3 낱말과 어울리는 뜻에 줄을 그어보세요.

주식　　●　　　　　● 수, 양 등에 한계가 없다

오물오물　●　　　　● 보통 정도보다 빛깔이 강하다

짙다　　●　　　　　● 끼니에 주로 먹는 음식

무한하다　●　　　　● 음식물을 입 안에 넣고 씹는 모양

4 주어진 단어를 활용해 한 문장을 써보세요.

> **겹치다**
> 예) 선물 상자는 색종이에 리본을 겹쳐서 만들 수 있어요.

 판다와 순록처럼 지구를 지켜주는 동물로는 또 무엇이 있을까요?

94

쓰레기에서
메탄가스가 나와요

가속화하다
속도가 더해지다

 **가속하다**
점점 속도를 더하다

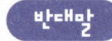 **감속하다**
속도를 줄이다

쓰레기에서 **유해** 가스가 나오는 것을 알고 있나요? 우리가 무심코 버리는 쓰레기에서는 메탄가스가 나온답니다. 메탄가스는 지구온난화에도 악영향을 끼쳐 **꾸준한** 관리가 필요한데요. 하루에도 수많은 쓰레기가 **쏟아지다** 보니 관리가 쉽지 않아서 문제가 되고 있어요.

메탄가스가 어떻게 지구의 기온을 상승시키냐고요? 메탄가스는 이산화탄소보다 많은 양의 열을 가두기 때문에 기온 상승을 **가속화해요**.

다행히 현재 기술 수준으로 쓰레기에서 발생하는 메탄가스를 **인위적으로** 줄이는 것이 어느 정도 가능하다고 해요. 하지만 일회용품의 사용을 줄이고 쓰레기를 많이 버리지 않는 것도 매우 중요해요.

앞으로 진보된 기술을 통해 메탄가스를 감소시키고 쓰레기 배출을 줄인다면 온실가스를 **획기적으로** 줄일 수 있을 거예요. 이를 위해서는 모두의 인식 개선과 관련 법 개정이 필요해요.

1 이 글의 중심 낱말을 괄호에서 찾아 ○표 하세요.

> 우리가 버리는 쓰레기에서는 (메탄가스 / 프레온가스)가 나와서
> 지구온난화에 (좋은 / 나쁜) 영향을 끼쳐요.

2 맞으면 ○, 틀리면 X 하세요.

❶ 메탄가스는 지구 기온을 상승시켜요. ( )

❷ 이산화탄소는 메탄가스보다 많은 양의 열을 가둬요. ( )

❸ 쓰레기에서 발생하는 메탄가스를 인위적으로 줄일 수 있어요. ( )

3 낱말과 어울리는 뜻에 줄을 그어보세요.

유해	해로움이 있음
꾸준하다	사람의 힘으로 이루어지는
인위적	어떤 분야에서 뚜렷이 구분되는 것
획기적	한결같이 부지런하고 끈기가 있다

4 주어진 단어를 활용해 한 문장을 써보세요.

> **쏟아지다**
> 예) 포대 자루에서 콩이 쏟아졌어요.

환경보호를 위해 메탄가스를 줄이려면 어떻게 해야 할까요?

95

물고기가 작아지고 있어요

포획하다
짐승이나 물고기를 잡다

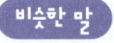 **사냥하다**
힘센 짐승이 약한 짐승을 먹이로 잡다

 **방생하다**
사람에게 잡힌 생물을 놓아주다

 인류의 환경 파괴로 생태계가 변화되면서 생물들의 몸 크기가 전체적으로 작아지고 있어서 문제예요. 특히 어류와 같은 해양 생물들이 유독 작아지고 있다고 해요. 물고기들의 크기가 작아지는 이유는 무엇일까요? 그 이유의 핵심은 바로 생존에 있어요. 몸집이 클수록 멸종될 위험이 커지기 때문인데요. 몸집이 크면 눈에 잘 띄어 포획될 확률이 높아지고, 서식지를 잃을 가능성도 커져요.

　물론 환경 변화에 따라 몸집이 오히려 커진 생물들도 있어요. 하지만 절대적으로 많은 비율의 생물들이 작아졌다고 해요. 그중 가장 많은 비율로 작아진 것이 바다에 사는 어류예요.

　어류는 사냥당할 확률을 줄이고, 높아진 바닷물 온도에 적응하기 위해 몸집을 줄이는 진화를 택한 것으로 보여요. 바닷속이 황폐화되어 먹을 것이 줄어든 것도 주요 원인 중 하나이고요.

1 이 글의 중심 낱말을 괄호에서 찾아 ○표 하세요.

> 환경 파괴로 (육지 식물 / 해양 생물)의 몸집이
> (커지고 / 작아지고) 있어요.

2 맞으면 ○, 틀리면 X 하세요.

① 해양 생물의 크기가 작아지는 이유는 생존을 위해서예요. ( )

② 몸집이 작을수록 포획될 확률이 높아져요. ( )

③ 모든 생물들의 몸집이 점점 작아지고 있어요. ( )

3 낱말과 어울리는 뜻에 줄을 그어보세요.

인류 •   • 몸의 부피

몸집 •   • 그냥 두어 거칠고 못 쓰게 됨

서식지 •   • 세계의 모든 사람

황폐화 •   • 생물이 자리를 잡고 사는 곳

4 주어진 단어를 활용해 한 문장을 써보세요.

> **작아지다**
>
> 예) 눈사람이 녹으면서 점점 작아지고 있어요.

 해양 생물들의 몸집이 점점 작아지고 있는 까닭은 무엇인가요?

96

지구 온도가 1도만 더 올라가도 견디기 힘든 더위가 찾아와요

앗아가다
강제로 가져가서 없게 만들다

 **빼앗다**
강제로 자기의 것으로 만들다

 **반환하다**
빌린 것을 되돌려주다

현재 지구의 평균 온도는 산업화가 시작되기 전보다 약 1도 정도 높다고 해요. 그런데 앞으로도 온난화가 지속되어 지구 온도가 1도 이상 오르게 되면 끔찍한 일이 벌어질 수도 있어요.

지구 온도가 1도 더 오르면 인류가 더 이상 스스로 체온을 조절하여 열을 식힐 수 없는 수준에 이른다고 해요. 체온 조절 기능이 망가지고 체온이 계속 올라가는 응급 상황이 발생하는 거지요. 인간의 한계를 벗어난 기온 상승은 많은 이들의 목숨을 앗아갈 수도 있어요. 젊고 건강한 사람도 지구 기온이 1도 이상 오르면 견디기 힘들다고 하니 노약자나 어린이들은 더욱더 위험하겠지요.

한 연구팀은 지금보다 지구의 온도가 1도 더 상승했을 때를 가정하여 가상 실험을 했는데요. 전 세계의 약 40억 명이 목숨을 잃는다는 결과를 얻었다고 해요. 이것은 전 세계 인구의 절반을 차지하는 어마어마한 숫자예요.

1 이 글의 중심 낱말을 괄호에서 찾아 ○표 하세요.

> (지구 / 태양) 온도가 1도 더 오르면 많은 이들의
> (목숨 / 목소리)을(를) 앗아가게 될 거예요.

2 맞으면 ○, 틀리면 X 하세요.

❶ 현재 지구의 평균 온도는 산업화가 시작되기 전보다 약 1도 정도 높아요. (   )
❷ 지구 온도가 1도 올라도 체온에는 별다른 영향이 없어요. (   )
❸ 지구 기온이 1도 이상 오르면 노약자보다 젊고 건강한 사람이 더 위험해요. (   )

3 낱말과 어울리는 뜻에 줄을 그어보세요.

무더위 •   • 늙거나 약한 사람
반환하다 •   • 빌린 것을 되돌려주다
가상   •   • 사실이 아닌 것을 사실이라고 가정함
노약자 •   • 찌는 듯 견디기 어려운 더위

4 주어진 단어를 활용해 한 문장을 써보세요.

> 벗어나다
> 예) 태경이는 하루빨리 가난에서 벗어나기 위해 열심히 공부했어요.

 지구 온도가 1도 더 오르면 어떤 일이 일어날까요?

지구에서 점점 짠맛이 나요

 **짭조름하다**
조금 짠맛이 있다

짭짤하다
감칠맛이 있게 조금 짜다

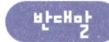 **싱겁다**
음식의 간이 약하다

 지구에서 짠맛이 난다는데 그 이유는 무엇일까요? 소금은 '염화나트륨'이라는 성분으로 이루어져 있어요. 바닷물이 짠 이유도 염화나트륨이 들어있기 때문이에요. 육지에서 암석이 풍화되거나 화산 활동이 일어나면 염화나트륨이 발생하는데, 이것이 빗물에 씻겨 바다로 유입되어 바닷물이 짠맛을 내게 돼요.

한 연구 결과에 따르면 공장에서도 많은 양의 소금을 사용해서 지구 환경이 점점 더 빠르게 염분화하고 있대요. 공장에서는 왜 소금을 사용하는 걸까요? 염화나트륨은 공장에서도 필수 원료로 사용하고 있어요. 이러한 염화나트륨이 전 세계 공장에서 많이 사용되면서 지구 전체의 염분 농도가 올라가는 거예요.

자연적으로 발생하는 소금에 인류가 만들어낸 소금까지 합해지니 지구가 더욱더 짠맛이 나고 있어요. 이는 지구 생태계를 심각하게 망가뜨릴 수 있어서 주의가 필요해요.

1 이 글의 중심 낱말을 괄호에서 찾아 ○표 하세요.

> 공장에서 많은 양의 (설탕 / 소금)을 사용해서
> 지구 환경이 점점 더 빠르게 (염분화되고 / 달콤해지고) 있어요.

2 맞으면 ○, 틀리면 X 하세요.

❶ 염화나트륨은 공장에서 거의 쓰지 않는 원료예요. ( )
❷ 바다가 짠 이유는 이산화탄소가 들어있기 때문이에요. ( )
❸ 소금은 염화나트륨이라는 성분으로 이루어져 있어요. ( )

3 낱말과 어울리는 뜻에 줄을 그어보세요.

풍화 • • 바닷물에 있는 소금기
유입하다 • • 용액의 진함과 묽음의 정도
염분 • • 암석이 점차 파괴되거나 분해됨
농도 • • 액체나 기체가 어떤 곳으로 흘러들다

4 주어진 단어를 활용해 한 문장을 써보세요.

> 띠다
> 예) 진달래꽃은 진한 자줏빛을 띠어요.

 지구 환경이 빠르게 염분화되는 것을 막으려면 어떻게 해야 할까요?

밤에는 불을 꺼주세요

절약하다
꼭 필요한 데에만 써서 아끼다

 **검약하다**
낭비하지 않고 아껴 쓰다

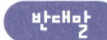 **낭비하다**
헛되이 헤프게 쓰다

밤에도 거리에 번쩍번쩍 빛이 나서 낮처럼 느껴졌던 적이 있나요? 특히 대도시일수록 밤이 되어도 각종 조명 때문에 밝은데요. 최근 한 연구 결과에 따르면 우리나라가 이러한 인공조명으로 인해 환경 오염이 심각한 수준이라고 해요.

휘황찬란한 각종 인공조명 때문에 에너지 낭비가 심각한 수준이라 주의가 필요한 상황이에요. 조명 하나만으로도 충분한데 조명을 겹겹이 켜 놓기도 하고, 사람이 없는 곳에도 환하게 불을 밝히는 경우도 많아요. 야경을 즐기기 위해 조명을 켜 놓기도 하지요.

습관적인 에너지 낭비는 이뿐만이 아니에요. 여름에 가게 문을 열어놓은 채로 에어컨을 켜 놓는 것과 겨울에 문을 열고 난방하는 것도 큰 문제예요. 판매하기 위해 아이스크림 냉장고의 문을 열어놓는 경우까지 있어요. 에너지를 낭비하지 않고 최대한 절약해서 환경을 지키는 자세가 필요해요.

1 이 글의 중심 낱말을 괄호에서 찾아 ◯표 하세요.

> 우리나라는 (천연조명 / 인공조명)을 많이 켜서
> 에너지 낭비가 (심각한 / 심하지 않은) 수준이에요.

2 맞으면 ◯, 틀리면 X 하세요.

❶ 시골일수록 밤이 되어도 각종 조명 때문에 밝아요. ( )

❷ 야경을 즐기기 위해 조명을 켜 놓기도 해요. ( )

❸ 습관적으로 에너지를 낭비하는 경우가 많아서 주의가 필요해요. ( )

3 낱말과 어울리는 뜻에 줄을 그어보세요.

낭비 • • 광채가 나서 눈부시게 번쩍이다

겹겹이 • • 헛되이 헤프게 씀

휘황찬란하다 • • 여러 겹으로

야경 • • 밤의 경치

4 주어진 단어를 활용해 한 문장을 써보세요.

> 충분하다
>
> 예) 시혁이는 줄다리기에서 이길 가능성이 충분하다고 생각했어요.

 습관적인 에너지 낭비를 막으려면 어떻게 해야 할까요?

99

이러다 현수막에 깔리겠어요

육박하다

바싹 가까이 다가붙다

 **근접하다**
가까이 접근하다

 **동떨어지다**
거리가 멀리 떨어지다

요즈음 정당 현수막이 길거리에 난립하여 시민들이 고통을 받고 있어요. 게시가 끝난 후 버려지는 현수막도 그 수가 어마어마하고요. 환경부가 조사한 결과, 버려진 현수막의 무게를 재봤더니 1,300톤이 넘었대요. 개수로는 무려 197만 장에 육박해요. 버려진 현수막들을 가로로 길게 이어 붙이면 지구의 4분의 1을 덮을 수 있는 정도래요.

이렇게 버려지는 현수막이 늘어난 이유는 법으로 정당 현수막을 규제 없이 걸 수 있게 하는 법이 시행되었기 때문이에요. 현수막은 만드는 데에도 비용과 에너지가 낭비되지만 치우는 것도 일이에요. 일손이 많이 필요할 뿐만 아니라 쓰레기도 어마어마하게 쌓이거든요. 길을 걷다 현수막에 걸려 다치는 사람도 점점 더 늘고 있어요.

현수막은 플라스틱 재질이어서 재활용이 어려워요. 더 큰 문제는 현수막을 폐기할 때 온실가스와 다이옥신을 배출한다는 거예요.

1 이 글의 중심 낱말을 괄호에서 찾아 ○표 하세요.

요즈음 길거리에 정당 현수막이 (난립해서 / 드물어서)
많은 시민들이 (좋아하고 / 고통받고) 있어요.

2 맞으면 ○, 틀리면 X 하세요.

❶ 버려진 현수막의 무게를 재봤더니 1,300톤이 넘었어요.　　　　(　　)

❷ 버려진 현수막을 가로로 길게 이어 붙이면 지구의 절반을 덮을 수 있어요.　(　　)

❸ 정당 현수막을 거는 행위를 법으로 규제하고 있어요.　　　　(　　)

3 낱말과 어울리는 뜻에 줄을 그어보세요.

난립하다 ●　　　　● 재료가 가지는 성질

게시하다 ●　　　　● 질서 없이 여기저기서 나서다

재질 ●　　　　● 알리기 위해 내걸어 보게 하다

일손 ●　　　　● 일하는 손. 또는 일을 하는 사람

4 주어진 단어를 활용해 한 문장을 써보세요.

치우다

예) 엄마께서는 지우에게 어질러진 장난감을 치우라고 하셨어요.

 현수막을 규제 없이 걸게 되면 어떤 문제점이 발생하나요?

오존 구멍이 점점 커지고 있어요

발령하다
긴급한 상황에 대한 경보를 발표하다

 **발효하다**
법, 공문서의 효력이 나타나다

 **철회하다**
이미 주장했던 것을 번복하다

대기 중 오존 농도가 일정 이상 오르면 오존주의보를 발령하는데, 앞으로 오존주의보가 더 많이 발령될 것 같아요. 그 이유는 남극의 오존층이 계속 파괴되고 있기 때문이에요. 한 연구팀의 발표에 따르면 남극 오존층 중심부의 오존량이 20년 전에 비해 26%나 감소했대요.

오존층이 왜 중요하냐고요? 오존층은 태양에서 오는 유해한 방사선 등으로부터 우리 지구를 지켜주는 역할을 해요. 하지만 우리가 에어컨 등에 사용하는 프레온가스 등으로 오존층에 구멍이 뚫리면서 문제가 되었어요.

세계 각국은 1987년에 함께 모여 프레온가스처럼 오존층을 파괴하는 물질을 더 이상 사용하지 말자고 협의했어요. 그 이후 실제로 오존층이 회복되는 것을 관측하여 다들 한시름 놓고 있었는데, 오존층 파괴가 계속 진행되는 이유가 뭔지 연구가 필요할 것 같네요.

1 이 글의 중심 낱말을 괄호에서 찾아 ○표 하세요.

> 남극 오존층 (외곽 / 중심부)의 오존량이
> 점점 (증가하고 / 감소하고) 있어요.

2 맞으면 ○, 틀리면 X 하세요.

❶ 대기 중 오존 농도가 오르면 오존주의보를 발령해요. ( )

❷ 남극의 오존층은 점점 회복되고 있어요. ( )

❸ 오존층은 우리 몸에 유해한 영향을 끼쳐요. ( )

3 낱말과 어울리는 뜻에 줄을 그어보세요.

회복하다 •　　　　　• 긴급한 상황에 대한 경보를 발표하다

발령하다 •　　　　　• 원래의 상태를 되찾다

협의하다 •　　　　　• 자연 현상을 관찰하여 측정하다

관측하다 •　　　　　• 서로 협력하여 의논하다

4 주어진 단어를 활용해 한 문장을 써보세요.

> 믿다
> 예) 서연이는 친구의 가능성을 믿고 진심으로 응원했어요.

 오존층 파괴를 막으려면 어떻게 해야 할까요?

가로세로 낱말 퍼즐

가로 열쇠

- ❷ 지구의 기온이 높아지는 현상
- ❸ 습기가 많은 축축한 땅
- ❺ 물체가 없어지다
- ❻ 해로움이 있음. ○○한 음식
- ❼ 매우 가난하여 살기가 가장 어려운 계층
- ❽ 배의 운항을 위해 육지에 파 놓은 물길

세로 열쇠

- ❶ 물의 온도
- ❸ 습관이 되어 버린 성질
- ❹ 교양이 있고 예의 바른 남자
- ❻ 어떤 곳으로 흘러듦. ○○ 인구
- ❼ 가장 알맞음. ○○의 조건
- ❾ 강과 시내. 폐수를 ○○에 몰래 버리다

최신 뉴스 100개와 교과 연계

최신 뉴스 100개는 초등 학년별 교과와 연계되어 있습니다. 다양한 시사 뉴스를 접하면서 기본 지식을 확장하면 학교 공부에 도움이 됩니다.

1장 사회 뉴스 문해력왕

번호	뉴스 제목	교과 연계
01	학교 폭력 처벌이 강화된대요	사회 4-1 아름다운 사람이 되는 길
02	공부 잘되는 약이라고 속여서 마약을 먹게 하다니	국어 6-2 효과적으로 발표해요
03	반려동물 병원비가 저렴해진대요	실과 5-1 동식물과 우리 생활
04	AI 시대가 오면 인기 직업도 바뀔까요?	국어 5-2 타당성을 생각하며 토론해요
05	비싸도 영어 유치원으로!	도덕 4-1 물건을 아껴 쓰는 생활
06	의사와 간호사의 불꽃 튀는 영역 다툼	가을 2-2 동네 한 바퀴
07	편의점 도시락은 엄마, 아빠의 것	도덕 4-1 물건의 소중함과 물건을 사용하는 나의 태도
08	장애인도 일하고 싶어요	사회 5-1 인권 존중과 정의로운 사회
09	4세대 걸그룹은 사랑을 찾지 않아요	도덕 4-1 아름다운 사람이 되는 길
10	저는 할아버지 아르바이트생입니다	사회 4-2 사회 변화와 문화의 다양성
11	CCTV로 학교 구석구석을 살펴보는 것은 어때요?	국어 3-1 내용을 간추려요
12	코로나가 드디어 끝났어요	수학 3-2 자료의 정리
13	빈대가 너무 무서워요	여름 2-1 초록이의 여름 여행
14	저 조용히 나갈게요	사회 3-1 교통과 통신 수단의 변화
15	앞으로 의대생을 많이 뽑는대요	사회 5-1 국토와 우리 생활
16	늘봄학교가 뭐예요?	사회 4-2 사회 변화와 문화의 다양성
17	강아지랑 같이 대피해도 돼요?	과학 4-2 화산과 지진
18	저는 8살인가요, 9살인가요?	영어 4-2 I Get Up Early
19	온통 매운맛이 유행이에요	국어 3-1 재미가 톡톡톡
20	저는 에리얼, 흑인 인어공주랍니다	국어 3-1 문단의 짜임

2장 과학 뉴스 문해력왕

번호	뉴스 제목	교과 연계
21	남극의 초거대 빙산이 30년 만에 움직였대요	과학 4-2 물의 상태 변화
22	탕후루 인기의 과학적인 비밀	과학 6-2 우리 몸의 구조와 기능
23	미세먼지가 공룡을 멸종시켰다고요?	과학 4-1 지층과 화석
24	진짜 다이아몬드랑 똑같네! 랩그로운 다이아몬드의 등장!	과학 4-1 혼합물의 분리
25	요거트로 입 안의 마늘 냄새를 없앨 수 있대요	과학 5-2 산과 염기
26	우주선 '스타십' 비행 실패	국어 5-2 타당한 근거를 들어 토론해요
27	침팬지도 나이 들면 월경을 안 한대요	과학 3-2 동물의 생활
28	사람의 팔과 다리도 재생할 수 있을까요?	과학 6-2 우리 몸의 구조와 기능
29	운동 후엔 이온음료? 탄산음료?	과학 6-2 에너지 생활
30	태양계와 비슷한 고리가 있는 별, '포말하우트'	과학 5-1 태양계와 별
31	세상에서 제일 높은 곳에 사는 포유류는 무엇일까요?	과학 3-1 동물의 한살이
32	만리장성이 2000년을 버틸 수 있었던 비결	과학 4-1 식물의 한살이
33	달의 나이는 몇 살일까요?	과학 5-1 태양계와 별
34	연가시는 어떻게 사마귀를 조종할까요?	과학 5-1 다양한 생물과 우리 생활
35	누리호 발사 성공! 우주에 도착했어요	과학 6-1 지구와 달의 운동
36	로봇 슈트를 입으면 달리기 1등을 할 수 있어요	과학 5-2 물체의 운동
37	생쥐의 상상력은 어느 정도일까요?	과학 3-2 동물의 생활
38	화성의 내부는 액체일까요, 고체일까요?	과학 5-1 태양계와 별
39	딱딱했다가 부드러워지는 주사기가 발명됐어요	과학 3-1 물질의 성질
40	감기 걸렸을 때 항생제를 맞으면 금방 나을까요?	과학 6-2 우리 몸의 구조와 기능

3장 경제 뉴스 문해력왕

번호	뉴스 제목	교과 연계
41	챗GPT에 비밀을 말하지 마세요	국어 3-1 내 마음을 편지에 담아
42	서울시 김포구? 김포가 서울이 될 수도 있대요	사회 4-1 지역의 위치와 특성
43	골프 옷 매출이 줄었어요	사회 4-2 필요한 것의 생산과 교환

221

번호	뉴스 제목	교과 연계
44	K팝? 요즘엔 K푸드가 대세예요	사회 4-2 사회 변화와 문화의 다양성
45	우리 유튜브에 나오려면 돈을 내세요!	국어 5-1 여러 가지 방법으로 읽어요
46	우리나라가 빚쟁이래요	사회 6-1 우리나라의 경제 발전
47	챗GPT로 요리해요	사회 3-1 교통과 통신 수단의 변화
48	집을 지을 시멘트가 부족해요	사회 4-2 촌락과 도시의 생활 모습
49	1,000원짜리 대학교 학식? 힘들어요	사회 4-2 필요한 것의 생산과 교환
50	횡재했으니 세금 내세요!	사회 6-1 우리나라의 정치 발전
51	레고랜드에 많이 놀러와 주세요	사회 3-1 우리가 알아보는 고장 이야기
52	AI가 뉴진스 노래를 부르면 저작권료는 누가 받을까요?	국어 4-2 마음을 전하는 글을 써요
53	캐릭터가 돈이 되는 세상	미술 3-2 나는 캐릭터 디자이너
54	K-POP 음반이 1억 장이나 팔린다고요?	사회 4-2 사회 변화와 문화의 다양성
55	자산 68억을 소유하면 서울 부자	수학 4-1 큰 수
56	편의점은 앞으로도 친환경 모드!	사회 5-1 국토와 우리 생활
57	가격은 똑같은데 왜 양은 줄어든 것 같지?	사회 4-2 필요한 것의 생산과 교환
58	너도나도 의사의 꿈	영어 4-2 I am a Pilot
59	식을 줄 모르는 K라면의 인기	사회 4-2 사회 변화와 문화의 다양성
60	자, 다들 AI 교과서 펴세요	사회 3-1 우리 고장의 모습

4장 세계 뉴스 문해력왕

번호	뉴스 제목	교과 연계
61	부글부글 언제 분화할지 모르는 일본 후지산	과학 4-2 화산과 지진
62	사우디에서 첫 여성 우주인이 탄생했어요	사회 4-2 사회 변화와 문화의 다양성
63	미국 추수감사절에 먹는 칠면조를 거부하는 사람들	과학 5-2 생물과 환경
64	인도에서 인공 비를 내리려고 한대요	과학 5-2 날씨와 우리 생활
65	무시무시한 AI 무기	사회 6-2 통일 한국의 미래와 지구촌의 평화
66	점점 더 커지는 땅이 있어요	사회 6-2 세계 여러 나라의 자연과 문화
67	외국 사람들이 식비를 아끼려고 라면을 먹고 있대요	사회 4-2 사회 변화와 문화의 다양성
68	동전 앞면이 나오면 당신이 시장이에요	사회 4-1 지역의 공공 기관과 주민 참여
69	사우디아라비아가 스포츠계에서도 부자가 됐어요	사회 4-2 사회 변화와 문화의 다양성
70	김밥이 세계적인 인기를 끌고 있어요	실과 5-1 가정생활과 안전
71	앞으로 베네치아에 놀러 오려면 7,000원 내세요	과학 5-2 날씨와 우리 생활
72	일본에서 남자만 타는 열차가 운행된 이유	사회 4-2 사회 변화와 문화의 다양성
73	영국에서 AI 공무원을 만든대요	사회 4-1 지역의 공공 기관과 주민 참여
74	유럽에서 설탕 구하기가 어려워졌대요	사회 6-2 통일 한국의 미래와 지구촌의 평화
75	학원 없는 세상! 중국에선 학원에 못 가요	사회 4-2 사회 변화와 문화의 다양성
76	소아과에 가려면 새벽 3시 반부터 줄을 서야 한다고요?	사회 4-2 사회 변화와 문화의 다양성
77	일본 교토에서 최연소 여성 시장이 탄생했어요	사회 4-1 지역의 공공 기관과 주민 참여
78	쓰레기 줍는 월드컵이 있어요	실과 5-2 생활 속 자원 관리
79	'우정의 상징' 귀여운 판다로 미국과 중국의 갈등도 녹여요	사회 6-2 통일 한국의 미래와 지구촌의 평화
80	일본에서 우리나라의 10원빵 같은 '10엔빵'이 유행이래요	사회 4-1 우리가 알아보는 지역의 역사

5장 환경 뉴스 문해력왕

번호	뉴스 제목	교과 연계
81	우리나라에서 망고와 바나나를 재배할 수 있대요	과학 6-1 여러 가지 기체
82	전 세계 1% '슈퍼리치'는 환경을 오염시키는 것도 1등?	도덕 3-2 생명을 존중하는 우리
83	울릉도 바다가 변하고 있어요	과학 3-2 지표의 변화
84	세계 최대 습지에 불이 났어요!	과학 5-2 생물과 환경
85	댐을 만드는 건축가 비버	과학 5-2 생물과 환경
86	베니스가 기후 변화로 신음하고 있어요	사회 6-2 통일 한국의 미래와 지구촌의 평화
87	온난화로 남극 아델리 펭귄이 털갈이를 못 한대요	사회 6-2 통일 한국의 미래와 지구촌의 평화
88	친환경적으로 집을 짓기 위해 AI를 이용한다고요?	실과 6-2 생활과 혁신
89	기온이 올라가면 산불도 자주 나요	사회 5-1 국토와 우리 생활
90	곤충이 사라지면 초콜릿을 못 먹게 될지도 몰라요	과학 5-2 생물과 환경
91	포켓몬스터에도 나왔던 '라플레시아'가 멸종 위기래요	과학 3-2 동물의 생활
92	칠레에는 지구상에서 가장 오래된 나무가 있어요	과학 4-2 식물의 생활
93	지구를 지키는 판다와 순록	과학 5-1 다양한 생물과 우리 생활
94	쓰레기에서 메탄가스가 나와요	과학 5-2 생물과 환경
95	물고기가 작아지고 있어요	과학 5-2 생물과 환경
96	지구 온도가 1도만 더 올라가도 견디기 힘든 더위가 찾아와요	과학 5-1 온도와 열
97	지구에서 점점 짠맛이 나요	과학 5-1 용해와 용액
98	밤에는 불을 꺼주세요	과학 4-2 그림자와 거울
99	이러다 현수막에 깔리겠어요	과학 5-2 생물과 환경
100	오존 구멍이 점점 커지고 있어요	사회 5-1 국토와 우리 생활

1장 정답

사회 뉴스 문해력왕

01
1. 논쟁 / 팽팽하게
2. ○○✕
3. 불이익 - 이익이 되지 않고 손해가 남
   처사 - 일을 처리함. 또는 그런 처리
   분쟁 - 말썽을 일으키어 시끄럽게 다툼
   경각심 - 주의 깊게 살피어 경계하는 마음

02
1. 이용 / 일당
2. ✕○✕
3. 입소문 - 입에서 입으로 전하는 소문
   각성 - 깨어 정신을 차림
   갑론을박 - 서로 상대편의 주장을 반박함
   미혹하다 - 무엇에 홀려 정신을 못 차리다

03
1. 면제 / 덜어질
2. ○✕○
3. 면제 - 책임이나 의무를 면하여 줌
   연말 - 한 해의 마지막 무렵
   공약 - 정부나 정당이 국민에게 약속함
   조치 - 필요한 대책을 세워 행함

04
1. 체계 / 변화
2. ○✕✕
3. 장래 - 다가올 앞날
   소득 - 일한 결과로 얻은 이익
   예견하다 - 일어날 일을 미리 짐작하다
   각광 - 사회적 관심이나 흥미

05
1. 유아기 / 높아지고
2. ○✕✕
3. 등록금 - 등록할 때 내는 돈
   박탈 - 남의 재물이나 권리를 빼앗음
   증가하다 - 양이나 수치가 늘다
   감독하다 - 일이 잘못되지 않도록 단속하다

06
1. 이권 / 대립
2. ○✕○
3. 개원하다 - 병원이 처음으로 일을 시작하다
   대립하다 - 의견이 서로 반대되거나 모순되다
   개선하다 - 잘못된 것을 고쳐 더 좋게 만들다
   추진하다 - 목표를 향하여 밀고 나아가다

07
1. 많이 / 반기고
2. ✕✕○
3. 금상첨화 - 좋은 일 위에 또 좋은 일이 더하여짐
   간편식 - 간단하게 조리하여 먹을 수 있는 음식
   구매하다 - 물건을 사들이다
   고려하다 - 생각하고 헤아려 보다

08
1. 고용 / 위협
2. ✕✕○
3. 조성하다 - 분위기나 정세를 만들다
   민간 - 관청이나 정부 기관에 속하지 않음
   교묘하다 - 솜씨나 재주가 약삭빠르고 묘하다
   방치하다 - 내버려 두다

09
1. 섹시 / 개성
2. ✕✕✕
3. 주체적 - 자주적인 성질이 있는
   정체성 - 변하지 않는 존재의 본질을 깨닫는 성질
   칭하다 - 무엇이라고 일컫다
   대표 주자 - 조직을 대신하여 일을 주도하는 사람

10
1. 저임금 / 다양한
2. ○✕✕
3. 폐지 - 쓰고 버린 종이
   임금 - 노동의 대가로 받는 보수
   가파르다 - 산이나 길이 몹시 기울어져 있다
   빈곤 - 가난하여 살기가 어려움

11
1. 설치 / 안전
2. ✕✕○
3. 음성 - 사람의 목소리나 말소리
   감지하다 - 느끼어 알다
   과도하다 - 정도에 지나치다
   수집하다 - 취미를 위해 물건을 찾아 모으다

223

12
1 내려가면서 / 완화
2 X X O
3 격리하다 - 다른 것과 통하지 못하게 떼어 놓다
 환기하다 - 탁한 공기를 맑은 공기로 바꾸다
 지침 - 생활할 때 방향을 정한 준칙
 비말 - 기침할 때 입에서 나오는 물방울

13
1 늘면서 / 퍼져
2 X O O
3 출몰하다 - 대상이 나타났다 사라졌다 하다
 방역 - 전염병을 미리 막는 일
 내성 - 약물의 약효가 저하하는 현상
 목격담 - 목격한 것에 대한 이야기

14
1 단톡방 / 별다른 표시 없이
2 O O X
3 민망하다 - 낯을 들고 대하기가 부끄럽다
 일일이 - 하나씩 하나씩
 스팸 - 다수의 수신인에게 발송된 메시지
 퇴보하다 - 수준이 이전보다 뒤떨어지다

15
1 늘어나면서 / 늘리려고
2 X O X
3 정원 - 규정으로 정한 인원
 확정하다 - 일을 확실하게 정하다
 배치하다 - 일정한 자리에 알맞게 보내다
 조율하다 - 문제를 대상에 알맞게 조절하다

16
1 초등학교 / 돌봄교실
2 O X X
3 틈새 - 벌어져 난 틈의 사이
 협력하다 - 힘을 합하여 서로 돕다
 강화하다 - 수준이나 정도를 더 높이다
 리모델링 - 오래된 집을 새롭게 고치는 일

17
1 반려동물 / 마땅치 않아요
2 X O O
3 재난 - 뜻밖에 일어난 재앙과 고난
 대피하다 - 위험 상황에서 일시적으로 피하다
 반려동물 - 사람이 가까이 두고 기르는 동물
 대피소 - 비상시에 대피하는 곳

18
1 만 나이 / 개정안
2 O O X
3 환영하다 - 오는 사람을 반갑게 맞다
 유지하다 - 상황을 계속하여 지탱하다
 무산되다 - 흐지부지 취소되다
 혼란 - 어지럽고 질서가 없음

19
1 스트레스 / 매운맛
2 O O X
3 선호하다 - 여럿 가운데서 특별히 좋아하다
 선보이다 - 좋고 나쁨을 가려보이다
 방임하다 - 간섭하지 않고 내버려 두다
 촉진하다 - 다그쳐 빨리 나아가게 하다

20
1 백인 / 흑인
2 O O X
3 실사 - 실물 등을 그리거나 찍은 사진
 우연 - 뜻하지 않게 일어난 일
 원작 - 영화로 각색되기 이전의 작품
 배역 - 배우가 맡은 역할

가로세로 낱말 퍼즐 정답

선	호				대	피
보		구	매		립	
이		분				
다			자	양	강	장	제
					래	
입						
소	득			고	공	행	진
문				려		

과학 뉴스 문해력왕

21
1. 남극 / 최대
2. X X O
3. 해류 - 바닷물의 흐름
   북단 - 북쪽의 끝
   먹이사슬 - 먹이로 이어진 생물 간의 관계
   미네랄 - 생체에 필요한 광물성 영양소

22
1. 우리나라 / 높아지고
2. O X O
3. 식감 - 음식을 먹을 때 느끼는 감각
   과즙 - 과일을 짜서 나온 즙
   바삭하다 - 물기가 없이 보송보송하다
   비결 - 자기만의 뛰어난 방법

23
1. 미세먼지 / 멸종했다
2. O X X
3. 지속하다 - 어떤 상태를 오래 계속하다
   충돌하다 - 서로 맞부딪치거나 맞서다
   방출하다 - 비축하여 놓은 것을 내놓다
   도달하다 - 목적한 곳이나 수준에 다다르다

24
1. 대체품 / 상승하고
2. X O O
3. 천연 - 사람의 힘을 가하지 않은 상태
   상이하다 - 서로 다르다
   동일하다 - 어떤 것과 비교하여 똑같다
   채굴하다 - 땅속에 묻혀 있는 광물을 캐내다

25
1. 단백질 / 제거
2. X O X
3. 성분 - 통일체를 이루고 있는 것의 한 부분
   곤란하다 - 사정이 몹시 딱하고 어렵다
   특유 - 일정한 사물만이 특별히 갖추고 있음
   생성하다 - 사물이 생겨나다

26
1. 두 번째 / 실패
2. X O O
3. 낙하하다 - 높은 데서 낮은 데로 떨어지다
   발사하다 - 로켓을 쏘다
   자폭하다 - 폭발물을 스스로 터뜨리다
   자축하다 - 좋은 일을 스스로 축하하다

27
1. 사람 / 폐경
2. O X O
3. 생존하다 - 살아 있거나 살아남다
   명확하다 - 명백하고 확실하다
   사춘기 - 성인이 되어 가는 시기
   추정하다 - 미루어 생각하여 판정하다

28
1. 줄기세포 / 재생하는
2. O X X
3. 손상 - 물체가 깨지거나 상함
   소실되다 - 사라져 없어지다
   개발하다 - 새로운 물건을 만들다
   복제하다 - 본디의 것과 똑같은 것을 만들다

29
1. 운동 / 이온음료
2. X O O
3. 보충하다 - 부족한 것을 보태어 채우다
   제공하다 - 무엇을 내주거나 갖다 바치다
   감축하다 - 덜어서 줄이다
   상쾌하다 - 느낌이 시원하고 산뜻하다

30
1. 두 / 고리
2. X O X
3. 충돌하다 - 서로 맞부딪치거나 맞서다
   평행하다 - 나란히 가다
   맨눈 - 안경 없이 직접 보는 눈
   별자리 - 밝은 별을 중심으로 별의 위치를 정한 것

31
1. 높은 / 포유류
2. X O X
3. 고도 - 평균 해수면을 0으로 하여 측정한 높이
   견디다 - 어려운 환경에 굴복하지 않은 상태
   극한 - 궁극의 한계
   체온 - 동물체가 가지고 있는 온도

32
1 비바람 / 침식
2 X ○ X
3 거대하다 - 엄청나게 크다
　보존하다 - 잘 보호하여 남기다
　성벽 - 성곽의 벽
　잠식하다 - 조금씩 먹어 들어가다

33
1 토양 / 최소
2 ○ ○ X
3 토양 - 식물에 영양을 공급하는 흙
　탐사선 - 우주로 쏘아 올린 비행 물체
　고온 - 높은 온도
　생성하다 - 사물이 생겨나다

34
1 자신의 / 있어요
2 X ○ X
3 번식하다 - 새로운 개체를 늘려 가다
　공급하다 - 물품을 제공하다
　의문 - 의심스럽게 생각함
　현상 - 사물의 모양과 상태

35
1 누리호 / 세
2 ○ X ○
3 시도 - 이루어 보려고 계획하거나 행동함
　적재하다 - 물건을 운송 수단에 싣다
　계기 - 결정적인 기회
　쾌거 - 통쾌하고 장한 행위

36
1 특수한 / 달리기
2 ○ X ○
3 특수하다 - 특별히 다르다
　보태다 - 모자라는 것을 더하여 채우다
　착용하다 - 옷을 입거나 모자를 쓰다
　달성하다 - 목적한 것을 이루다

37
1 인간 / 상상력
2 X ○ X
3 상상하다 - 마음속으로 그려 보다
　인지하다 - 어떤 사실을 인정하여 앎
　떠올리다 - 기억을 되살려내다
　머무르다 - 도중에 어떤 곳에 묵다

38
1 철 / 액체
2 X ○ X
3 내부 - 안쪽 부분
　은폐하다 - 덮어 감추거나 가리어 숨기다
　녹다 - 고체가 열기로 물처럼 되다
　규명하다 - 자세히 따져서 바로 밝히다

39
1 딱딱하지만 / 부드럽게
2 ○ X X
3 뾰족하다 - 물체의 끝이 날카롭다
　염증 - 세균이 침입하면 열이 나는 증상
　방지하다 - 어떤 일이 일어나지 못하게 막다
　주입하다 - 흘러 들어가도록 부어 넣다

40
1 바이러스 / 세균
2 ○ X ○
3 처방하다 - 병을 치료하는 방법을 제시하다
　기여하다 - 도움이 되도록 이바지하다
　질병 - 몸의 온갖 병
　치료하다 - 병이나 상처를 잘 다스려 낫게 하다

가로세로 낱말 퍼즐 정답

소	행	성			방	출
		벽			지	
상	쾌	하	다		자	폭
상					축	
					특	유
		발				지
		사	춘	기		

경제 뉴스 문해력왕

41
1. 효율 / 유출
2. ××○
3. 유출 - 밖으로 흘려 내보내다
   권고 - 어떤 일을 하도록 권하다
   누설 - 비밀이 새어 나가다
   주의보 - 경계하도록 미리 알리는 일

42
1. 편입 / 화제
2. ×○×
3. 발표 - 어떤 사실을 세상에 널리 알림
   총선 - 국회의원을 선출하는 선거
   개선 - 잘못된 것을 고쳐 더 좋게 만듦
   탈퇴 - 조직에서 관계를 끊고 물러남

43
1. 판매 / 모색
2. ××○
3. 비용 - 일을 하는 데 드는 돈
   선호 - 여럿 가운데서 특별히 좋아함
   매출 - 물건을 내다 파는 일
   생존 - 살아남음

44
1. 세계화 / 다각도
2. ×○×
3. 전망대 - 멀리 내다볼 수 있도록 높이 만든 대
   명실상부 - 이름과 실상이 서로 꼭 맞음
   노릇 - 맡은 바 구실
   지원 - 지지하여 도움

45
1. 탁월 / 출연
2. ○××
3. 출연하다 - 연기를 하기 위해 무대에 나가다
   지불하다 - 값을 치르다
   보장하다 - 조건을 마련하여 보증하다
   집행하다 - 실제로 시행하다

46
1. 채무 / 지속해서
2. ×○○
3. 곳간 - 물건을 간직하여 두는 곳
   채무 - 남에게 빚을 짐
   잠재력 - 드러나지 않고 속에 숨어 있는 힘
   수치 - 계산하여 얻은 값

47
1. 활용 / 확대
2. ○○×
3. 소비자 - 재화를 소비하는 사람
   식재료 - 음식의 재료
   악용 - 잘못 쓰거나 나쁜 일에 씀
   노동 - 몸을 움직여 일을 함

48
1. 부족 / 아우성
2. ×○○
3. 가동 - 사람이나 기계가 움직여 일함
   운송 - 사람이나 물건을 실어 보냄
   울며 겨자 먹기 - 싫은 일을 억지로 함
   공급 - 요구나 필요에 따라 물품을 제공함

49
1. 오르면서 / 제공
2. ×○×
3. 대면 - 서로 얼굴을 마주 보고 대함
   중단 - 중도에서 끊어짐
   적자 - 지출이 수입보다 많아서 생기는 결손액
   저하 - 정도, 수준, 능률이 떨어져 낮아짐

50
1. 얼떨결에 / 거둔
2. ○××
3. 재물 - 값나가는 모든 물건
   취약계층 - 사회적으로 보호가 필요한 계층
   팽팽하다 - 둘의 힘이 서로 엇비슷하다
   뜻밖에 - 기대와 예상과는 달리

51
1. 빈축 / 사
2. ×○○
3. 방문 - 사람이나 장소를 찾아가서 봄
   선방 - 잘 막아 냄
   부지 - 건물이나 도로를 만들기 위한 땅
   편의시설 - 이용자에게 편한 조건을 갖춘 시설

52
1 창작물 / 주의
2 X○○
3 합성 - 둘 이상의 것을 합쳐서 하나를 이룸
창작물 - 독창적으로 지어낸 예술 작품
무단 - 사전에 허락이 없음
기묘하다 - 생김새가 이상하고 묘하다

53
1 자체 / 열
2 X○X
3 홍보하다 - 널리 알리다
개발하다 - 새로운 물건을 만들다
수익 - 이익을 거두어들임
주력하다 - 어떤 일에 온 힘을 기울이다

54
1 기반 / 고공행진
2 ○○X
3 기록하다 - 결과의 가장 높은 수준을 보여주다
견인하다 - 끌어서 당기다
비결 - 자기만의 뛰어난 방법
화제 - 이야기할 만한 재료나 소재

55
1 분석 / 발간
2 XX○
3 발간하다 - 책, 신문, 잡지를 만들어 내다
보유하다 - 가지고 있거나 간직하고 있다
차지하다 - 사물이나 공간을 자기 몫으로 가지다
거주하다 - 일정한 곳에 머물러 살다

56
1 친환경 / 유지
2 X○○
3 제재하다 - 규칙 위반에 대하여 제한하다
금지하다 - 법으로 어떤 행위를 못 하게 하다
연간 - 한 해 동안
고민 - 마음속으로 괴로워하고 애를 태움

57
1 기만 / 만연
2 ○○X
3 중량 - 물건의 무거운 정도
물가 - 물건의 값
만연하다 - 나쁜 현상이 널리 퍼지다
방안 - 일을 해결하여 나갈 방법이나 계획

58
1 열풍 / 진학
2 ○XX
3 진학 - 상급 학교에 감
열풍 - 매우 세차게 일어나는 기운
선호하다 - 여럿 가운데서 특별히 좋아하다
각별하다 - 일에 대한 마음가짐이 특별하다

59
1 수출액 / 경신
2 ○○X
3 경신 - 어떤 분야의 종전 최고치를 깨뜨림
출시 - 상품을 시중에 내보내다
현지 - 일을 실제 진행하거나 작업하는 그곳
쇠퇴하다 - 기세가 쇠하여 전보다 못함

60
1 활용 / 진행
2 ○XX
3 미지수 - 예측할 수 없는 앞일
표류하다 - 목적이나 방향을 잃고 헤매다
격차 - 빈부, 임금 등이 서로 벌어진 정도
도입하다 - 기술, 방법을 끌어 들이다

가로세로 낱말 퍼즐 정답

	가			고		
노	동		부	유	출	
룻			지	원		
	매					
	출	연		분	석	
				야		
	개				수	치
총	선				익	

세계 뉴스 문해력왕

61
1. 도쿄 / 대규모
2. ✕ ✕ ○
3. 분화하다 - 화산성 물질이 방출되다
   해발 - 해수면으로부터 잰 산의 높이
   수도권 - 수도를 중심으로 이루어진 대도시권
   마그마 - 암석이 지열로 녹아 반액체로 된 물질

62
1. 사우디아라비아 / 여성
2. ○ ○ ✕
3. 제한하다 - 일정한 한도를 넘지 못하게 막다
   권리 - 당연히 요구할 수 있는 자격
   선발하다 - 많은 가운데서 골라 뽑다
   소감 - 마음에 느낀 바

63
1. 추수감사절 / 먹지 않고
2. ✕ ○ ✕
3. 채식 - 고기류를 피하고 식물성 음식만 먹음
   명절 - 설날, 추석 같이 해마다 기념하는 날
   지양하다 - 높은 단계로 가기 위해 하지 않다
   감사 - 고맙게 여기는 마음

64
1. 대기 오염 / 소멸
2. ✕ ○ ✕
3. 악영향 - 나쁜 영향
   골머리를 앓다 - 머리가 아플 정도로 몰두하다
   입자 - 물질을 구성하는 미세한 크기의 물체
   역할 - 마땅히 해야 할 직책이나 임무

65
1. 국제사회 / 거세지고
2. ✕ ○ ✕
3. 감시하다 - 단속하기 위하여 주의 깊게 살피다
   조종하다 - 기계를 다루어 부리다
   접목하다 - 다른 현상을 알맞게 조화하게 하다
   규제 - 규정에 의해 일정한 한도를 못 넘게 막음

66
1. 영토 / 커지고
2. ✕ ✕ ○
3. 면적 - 면의 넓이
   활발하다 - 생기 있고 힘차며 시원스럽다
   폭발하다 - 열기가 갑작스럽게 퍼지다
   용암 - 화산의 분화구에서 분출된 마그마

67
1. 상승 / 늘어났어요
2. ✕ ○ ✕
3. 격리 - 통하지 못하게 사이를 막음
   식비 - 먹는 데 드는 돈
   소비하다 - 돈을 써서 없애다
   수치 - 계산하여 얻은 값

68
1. 동전 던지기 / 시장
2. ○ ✕ ✕
3. 승자 - 싸움이나 경기에서 이긴 사람이나 단체
   무작위 - 모든 일이 동등한 확률로 발생하게 함
   결정하다 - 행동이나 태도를 분명하게 정하다
   득표하다 - 투표에서 찬성표를 얻다

69
1. 석유 / 확대
2. ✕ ○ ○
3. 자본력 - 돈을 갖추고 있는 능력
   독점하다 - 혼자서 모두 차지하다
   유치하다 - 행사나 사업을 이끌어 들이다
   위협 - 힘으로 으르고 협박함

70
1. 원래 이름대로 / 상승
2. ✕ ○ ✕
3. 냉동 - 신선하게 보관하기 위해 얼림
   우수하다 - 여럿 가운데 뛰어나다
   하강하다 - 높은 곳에서 아래로 내려오다
   영양소 - 영양분이 있는 물질

71
1. 조절 / 당일
2. ✕ ✕ ○
3. 숙박하다 - 호텔에서 잠을 자고 머무르다
   검문하다 - 검사하기 위하여 따져 묻다
   권고하다 - 어떤 일을 하도록 권하다
   경관 - 자연이나 지역의 풍경

72
1. 남성 / 성범죄
2. X ○ X
3. 누명 - 사실이 아닌 일로 당하는 억울한 평판
   이벤트 - 사람들을 모아 놓고 개최하는 잔치
   운행하다 - 차량이 정해진 목적지를 오고 가다
   폐막하다 - 연극·음악회나 행사가 끝나다

73
1. 절약 / 도입할
2. X ○ X
3. 생산성 - 생산 산출량의 비율
   감축하다 - 덜어서 줄이다
   개선하다 - 잘못된 것을 고쳐 더 좋게 만들다
   역량 - 어떤 일을 해낼 수 있는 힘

74
1. 흉작 / 줄어들
2. ○ ○ X
3. 흉작 - 농작물의 수확이 평년작을 훨씬 밑도는 일
   원료 - 물건을 만드는 데 들어가는 재료
   가공하다 - 원자재로 새로운 제품을 만들다
   수확하다 - 다 자란 농산물을 거두어들이다

75
1. 금지 / 암암리에
2. ○ X X
3. 고수하다 - 차지한 물건이나 형세를 굳게 지키다
   부유하다 - 재물이 넉넉하다
   양극화 - 서로 점점 더 달라지고 멀어짐
   운영하다 - 조직이나 사업체를 관리하고 운용하다

76
1. 기피 / 어려워지고
2. ○ X X
3. 기피하다 - 꺼리거나 싫어하여 피하다
   진료하다 - 진찰하고 치료하다
   출산율 - 아기를 낳는 비율
   예약 - 미리 약속함

77
1. 젊은 / 최연소
2. X ○ X
3. 당선 - 선거에서 뽑힘
   육아 - 어린아이를 기름
   종전 - 지금보다 이전
   선출하다 - 여럿 가운데서 골라내다

78
1. 환경 문제 / 줍는지
2. ○ ○ X
3. 대결하다 - 양자가 맞서서 승패를 가리다
   경각심 - 주의 깊게 살피어 경계하는 마음
   수거하다 - 거두어 가다
   거머쥐다 - 완전히 소유하거나 장악하다

79
1. 외교 관계 / 누그러뜨리고
2. X X X
3. 조성되다 - 분위기가 만들어지다
   격앙되다 - 감정이 격렬히 일어나다
   환호하다 - 기뻐서 큰 소리로 부르짖다
   누그러뜨리다 - 태도가 부드러워지다

80
1. 모방한 / 선풍적인
2. X X ○
3. 노점 - 길가에 물건을 벌여 놓고 장사하는 곳
   창안하다 - 어떤 방안을 처음으로 생각해내다
   모방하다 - 다른 것을 본뜨거나 본받다
   선풍적 - 돌발적으로 일어나 사회에 관심을 받는

가로세로 낱말 퍼즐 정답

대	결		승	자		채	식
도				본			비
시							
				수			
해	발			거	어	쥐	다
소							
		울	가				
			공				

환경 뉴스 문해력왕

81
1 높아지면서 / 아열대
2 ✗ ✗ ○
3 척박하다 - 땅이 기름지지 못하고 몹시 메마르다
  극단적 - 한쪽으로 크게 치우치는 것
  타개하다 - 어려운 일을 잘 처리하여 해결하다
  작물 - 논밭에 심어 가꾸는 곡식이나 채소

82
1 탄소 / 주도하고
2 ○ ○ ✗
3 투자하다 - 이익을 얻기 위해 사업에 자본을 대다
  부(富) - 넉넉한 생활 또는 넉넉한 재산
  부과하다 - 세금을 매기어 부담하게 하다
  납부하다 - 세금을 관계 기관에 내다

83
1 상승 / 열대
2 ○ ○ ✗
3 온난화 - 지구의 기온이 높아지는 현상
  떼죽음 - 한꺼번에 모조리 죽음
  양식장 - 물고기의 양식을 전문적으로 하는 곳
  수온 - 물의 온도

84
1 습지 / 불
2 ✗ ✗ ○
3 습지 - 습기가 많은 축축한 땅
  생성되다 - 사물이 생겨나다
  그을리다 - 불, 연기를 오래 쬐어 검게 하다
  휩싸이다 - 무엇에 온통 뒤덮이다

85
1 비버 / 유럽
2 ✗ ○ ○
3 조절하다 - 균형이 맞게 바로잡다
  조성하다 - 무엇을 만들어서 이루다
  습성 - 습관이 되어 버린 성질
  업적 - 어떤 사업이나 연구에서 세운 공적

86
1 가뭄과 홍수 / 번갈아
2 ✗ ○ ○
3 변화무쌍 - 변하는 정도가 비할 데 없이 심함
  직격탄 - 직접적으로 치명적인 피해를 주는 일
  급격하다 - 변화의 움직임이 급하고 격렬하다
  운하 - 배의 운항을 위해 육지에 파 놓은 물길

87
1 남극 / 생존
2 ✗ ✗ ○
3 신사 - 점잖고 교양이 있으며 예의 바른 남자
  털갈이 - 짐승의 묵은 털이 빠지고 새털이 남
  잠수하다 - 물속으로 잠겨 들어가다
  대책 - 어떤 일에 대처할 계획이나 수단

88
1 안전 / 탄소
2 ○ ✗ ✗
3 균열 - 거북 등의 무늬처럼 갈라져 터짐
  침하 - 가라앉아 내림
  소각로 - 쓰레기나 폐기물을 태워 버리는 시설물
  추적하다 - 사물의 자취를 더듬어 가다

89
1 봄 / 산불
2 ✗ ○ ○
3 최적 - 가장 알맞음
  부채질하다 - 감정이나 싸움을 더욱 부추기다
  역대 - 대대로 이어 내려온 여러 대
  강도 - 센 정도

90
1 곤충 / 작황
2 ○ ✗ ✗
3 작황 - 농작물이 잘되고 못된 상황
  사라지다 - 현상이나 물체의 자취가 없어지다
  퍼뜨리다 - 널리 퍼지게 하다
  맺다 - 열매나 꽃망울이 생겨나다

91
1 개발 / 파괴
2 ✗ ○ ✗
3 실존하다 - 실제로 존재하다
  피우다 - 꽃봉오리를 벌어지게 하다
  무시무시하다 - 몹시 무섭다
  무분별하다 - 분별이 없다

92
1 칠레 / 많은
2 X ○ X
3 관찰하다 - 사물이나 현상을 자세히 살펴보다
  직후 - 어떤 일이 있고 난 바로 다음
  역경 - 매우 어렵게 된 처지나 환경
  굳건하다 - 뜻이나 의지가 굳세다

93
1 지구 / 지켜주고
2 X ○ X
3 주식 - 끼니에 주로 먹는 음식
  오물오물 - 음식물을 입 안에 넣고 씹는 모양
  짙다 - 보통 정도보다 빛깔이 강하다
  무한하다 - 수, 양 등에 한계가 없다

94
1 메탄가스 / 나쁜
2 ○ X ○
3 유해 - 해로움이 있음
  꾸준하다 - 한결같이 부지런하고 끈기가 있다
  인위적 - 사람의 힘으로 이루어지는
  획기적 - 어떤 분야에서 뚜렷이 구분되는 것

95
1 해양 생물 / 작아지고
2 ○ X X
3 인류 - 세계의 모든 사람
  몸집 - 몸의 부피
  서식지 - 생물이 자리를 잡고 사는 곳
  황폐화 - 그냥 두어 거칠고 못 쓰게 됨

96
1 지구 / 목숨
2 ○ X X
3 무더위 - 찌는 듯 견디기 어려운 더위
  반환하다 - 빌린 것을 되돌려주다
  가상 - 사실이 아닌 것을 사실이라고 가정함
  노약자 - 늙거나 약한 사람

97
1 소금 / 염분화되고
2 X X ○
3 풍화 - 암석이 점차 파괴되거나 분해됨
  유입하다 - 액체나 기체가 어떤 곳으로 흘러들다
  염분 - 바닷물에 있는 소금기
  농도 - 용액의 진함과 묽음의 정도

98
1 인공조명 / 심각한
2 X ○ ○
3 낭비 - 헛되이 헤프게 씀
  겹겹이 - 여러 겹으로
  휘황찬란하다 - 광채가 나서 눈부시게 번쩍이다
  야경 - 밤의 경치

99
1 난립해서 / 고통받고
2 ○ X X
3 난립하다 - 질서 없이 여기저기서 나서다
  게시하다 - 알리기 위해 내걸어 보게 하다
  재질 - 재료가 가지는 성질
  일손 - 일하는 손. 또는 일을 하는 사람

100
1 중심부 / 감소하고
2 ○ X X
3 회복하다 - 원래의 상태를 되찾다
  발령하다 - 긴급한 상황에 대한 경보를 발표하다
  협의하다 - 서로 협력하여 의논하다
  관측하다 - 자연 현상을 관찰하여 측정하다

가로세로 낱말 퍼즐 정답

수				습	지
온	난	화		성	
			신		
			사	라	지	다
유	해				
입		최	빈	곤	층
		적			운	하
						천